U0461091

湛庐 CHEERS

与最聪明的人共同进化

HERE COMES EVERYBODY

如何打造成功的DTC品牌

Create A DTC Brand and Win Big

杨德宏 著

浙江教育出版社·杭州

测一测

你知道如何打造成功的 DTC 品牌吗?

扫码鉴别正版图书
获取您的专属福利

扫码获取全部测试题及答案,
一起了解 DTC 品牌如何
发展壮大

- DTC 模式是指"把产品直接卖给消费者"吗?( )

  A. 是

  B. 否

- DTC 的发展得益于数字化技术的飞速进步和人们

  对于网购的接受度不断提升,这是对的吗?( )

  A. 对

  B. 错

- 如果你想要发现商机,去关注消费者有哪些需求没

  有得到满足是一个好的方法吗?( )

  A. 是

  B. 否

扫描左侧二维码查看本书更多测试题

刘普合 ▎ 中国商业经济学会消费研究院院长

2022 年底，国家提出扩大内需战略，其中要求加快培育新型消费，大力倡导绿色低碳消费，持续提高产品和服务质量，这就为流通业的高质量发展提出了新课题。杨德宏博士的这部著作不但让我们生动而深刻地理解了 DTC 这种商业模式，还让我们看到了全面促进消费的另一种可能的市场形态。互联网改变了人和人、人和物、物和物的关系，DTC 让我们看到了优化、重构这些关系的一种可能。这本书既有操作性，又有启发性，它的问世，恰逢其时。

卫 哲 ▎ 嘉御资本创始人、董事长

移动互联网给 DTC 品牌提供了发展机会，但 DTC 品牌的成功不能只靠互联网营销手段，依托对用户的直接洞察不断完善产品才是王道，有效率、不烧钱的 DTC 品牌才是投资人长期喜爱的。

彭建真 ｜ 中国连锁经营协会秘书长

今天，DTC 的内涵变得更加丰富，我们不仅可以通过各种渠道直达消费者，更可以提前从消费者处捕获需求，进而提高他们所需商品和服务的品质。杨博士提出的塑造成功 DTC 商业模式的七个步骤，也为年轻的创业者提供了清晰的方法论。

成　栋 ｜ 中国人民大学商学院教授、博士生导师

"以顾客为中心"是商品流通业一个永恒的定律，无论是自动化、信息化，还是数字化、智能化，都在围绕着这一定律不断推进零售业的进化和演变。DTC 品牌是在数字化浪潮中衍生出来的，是最符合"以顾客为中心"这一定律的商业模式。杨德宏博士在本书中深刻阐述了 DTC 商业模式的本质，并结合他本人在零售领域几十年耕耘的经验和创业经历，总结出一套打造成功 DTC 品牌的路径和方法。对 DTC 品牌创业者而言，这是一本难得的从思想到方法的指导书。

王　航 ｜ 厚生投资创始合伙人

我身边几乎所有的人，无论男女老幼，都称呼杨德宏为"老杨"，这个"老"字之中包含了满满的信任。老杨是个见微知著的思想者、乐于分享的表达者、敢于担当的实践者，这三者结合起来，正是他靠谱而亲切的形象写照。老杨的《如何打

造成功的 DTC 品牌》看上去是一本传术的书，实际上是一本传道的书，讲述的是守正出奇的工匠精神、居安思危的人生态度，这是由老杨扎根零售业 30 年，从不断革故鼎新的格局生发出来的。

郭云龙 丨 伊利集团副总裁

收到杨德宏博士寄来的预读本，读来感到耳目一新。杨博士在书中直抒胸臆，自信而不用他人序跋，这本书对创业者而言是一个很好的指南，是我本年度看到的最接地气的好书。

沈 锋 丨 宝洁中国首席信息官

DTC 不算新概念了，很多新品牌都是从 DTC 商业模式创建发展起来的，传统的品牌也在试水这一商业模式，但是很多品牌只从形式上有所行动，并没有认真思考 DTC 的本质和底层逻辑。杨德宏博士根据他近 30 年的零售业从业经验写出的这本书，恰是从 DTC 本质入手，分析其模式，并解读其真正意义。更有价值的是，他为如何打造成功的 DTC 品牌提出了路径和方法，兼顾了道的普及和术的传授，非常值得一读。

李焕民 ┃ 京东零售云总裁

　　未来的消费体验一定是个性化的，因而 DTC 品牌的兴起是必然的，毕竟它非常强调品牌要为客户提供优质体验。但要打造一个成功的 DTC 品牌，需要系统的理论及方法论指导。杨博士的这本书结构完整，可读性和实操性都很强，令我一拿起就放不下，是该领域近年来少见的佳作！

DTC 商业模式，
重塑品牌与消费者的连接

　　北方初春的清晨还有一丝寒意。古镇的街道上，不时传来卖豆腐大叔的阵阵吆喝声，每当这个时候，各家的孩子就拿着空碗，从自家的院子里跑到豆腐担子前。卖豆腐的大叔从铁桶里，捡起几块热气腾腾的豆腐放在孩子的碗里，然后，孩子把妈妈给的钱递给卖豆腐的大叔，捧着冒着豆腐热气的碗一路小跑回到家里。小葱拌豆腐，是北方人家最美的早餐佳肴，在浓浓的豆香、扑鼻而来的葱香、厚厚的酱香萦绕的清晨，小镇上的人们开始了新一天的生活。

这是 20 世纪 70 年代在我寄住东北县城姥姥家的那段
时光里，每天清晨都会发生的温馨一幕。

我要感谢我的一位朋友——时任美国沃顿商学院教授大
卫·贝尔（David Bell）①让我了解了 DTC。DTC 是 "Direct to
Customer" 的简写，是一种旨在 "把产品直接卖给消费者"
的新型商业模式。这种商业模式早已在美国得到应用，不仅
成就了一帮勇于创业的年轻人，也吸引了像大卫·贝尔这样
的学者。他本是研究线上零售的，他写的《不可消失的门
店》（Location Is Still Everything）在国内外零售界很有影响
力。大卫·贝尔非常推崇 DTC 商业模式。2017 年，《不可
消失的门店》中文版在中国出版，他随即来中国参加学术交
流活动。那时，我和他一起参加了在清华大学、沃顿商学院
北京中心举办的一些活动。我也邀请大卫·贝尔到我们公司
做过一次演讲。在这个过程当中，他多次和我提到了 DTC
商业模式，而且他在谈到 DTC 这个概念时总是非常兴奋。
大卫·贝尔在他的演讲中提到了美国早期的一些成功的 DTC
品牌，如美元剃须俱乐部（Dollar Shave Club）、沃比·帕克

---

① 大卫·贝尔教授是电子商务与消费行为学领域的权威，是备受企业欢
迎的新零售时代理论先行者。他的著作《不可消失的门店》全面、深
刻地阐述了新零售时代电商与实体门店如何才能实现可持续发展。本
书中文简体字版由湛庐引进、浙江人民出版社于 2017 年出版。——编
者注

（Warby Parker）。我们俩也就DTC商业模式做过深入的交流。大卫·贝尔离开沃顿商学院后，专门成立了一家基金公司投资 DTC 项目。

当我第一次听到大卫·贝尔提到 DTC 商业模式时，脑海中出现的就是在中国北方小镇清晨一个大叔挑着担子卖豆腐的画面。DTC 商业模式的本质就是"把产品直接卖给消费者"，我们今天能看到很多成功的 DTC 品牌。如果只从字面上理解，DTC 这个概念没有什么新意，但是 DTC 商业模式能让小镇的豆香味飘到更远的地方。这让我们不得不感慨人类社会不断进行创新的能力，技术赋予了传统商业模式新的强大生命力。

在过去的 10 多年中，以淘宝和京东为代表的线上零售模式的兴起，使得新零售、智慧零售、泛零售等新的概念不断涌现。中国正处在一个用"新"去定义的时代，如新消费、新品牌、新场景、新营销、新渠道等。DTC 在中国也成了一个"热词"，一些人已经将 DTC 视为一个新的投资风口。元气森林、奈雪的茶、喜茶、完美日记、花西子等新国潮品牌的出现，表明中国正处在从制造大国向品牌大国转变的过程中，而 DTC 商业模式对于快速、成功地打造一个新品牌大有裨益。

DTC 的本质

DTC 是一种全新的商业模式，不过它的创新不在产品上，而在营销模式上。优秀的商业模式必定会给社会和人类创造很大的价值。那么 DTC 品牌表现如何呢？

我们首先需要了解人类消费的价值需求是什么。人类消费的价值需求可以用 6 个字来概括，即"物美、价廉、方便"。人类对这 6 个字的追求是永无止境的。因此，基于这 6 个字的创新就有可能成为一个新的商业模式。

零售是几千年前人类创造出来的满足其消费需求的一种商业模式，线下的超市、便利店、购物中心和线上的淘宝、京东、美团等都采用零售这一商业模式。我于 1995年 7 月加入 IBM 商品流通事业部。当时，这个部门刚刚成立不久，同时，我国正处于从计划经济向市场经济转型的过程中，零售企业的规模都还比较小，连锁加盟等商业模式也才刚被引入国内。早前，主管零售业的政府机构是国内贸易部，后来其与对外贸易经济合作部进行整合，便成立了商务部。长期以来，我国大力推动发展连锁模式、现代物流和商业自动化，打造了一批零售连锁企业，它们遍布各级城市和乡村地区。在此期间，华润、永辉、家家悦、步步高等一批优秀的零售企业迅速成长起来。无论是在 2020 年抗击新冠肺炎疫情，还是在 2021 年河南的抗洪过程中，这些实体连锁店在为人民群众提供生活物资方面，都发挥了极其重要的作用。

DTC 的本质是一种零售商业模式。如果我们要搞清楚 DTC 的商业价值，就必须先搞清楚零售的商业价值。传统零售商为消费者提供的商业价值包括以下 3 点：

- 第一，商品信息的传递价值。过去，信息传播的技术不发达，零售商会把不同厂商生产的商品集中摆放在离消费者家不远的零售门店进行展示，用这种方式把商品的信息传递给消费者；各种展览会、博览会也都可以将商品信息传递给消费者。因此，零售商满足了消费者了解更多商品信息的需求，给了消费者"物美"的选择空间。

- 第二，代替消费者和供应商谈判并拿到更低的价格。零售商会进行大量采购，这增加了零售商和供应商谈判的砝码。因此，零售商可以从供应商那里获得更低的价格，为消费者赢得了"价廉"。

- 第三，把商品从生产地运输到离消费者家不远的零售门店里。这就是物流的价值，即可以为消费者提供"方便"。

以上 3 点商业价值就是传统零售模式能在人类社会存在
很长一段时间的原因，也是传统零售商的价值本质。传统零
售商很大程度地满足了消费者对于"物美、价廉、方便"的
价值需求。

DTC 的演变历程

零售的形式并不是一成不变的，随着时间的推移，其
经历了漫长的演变过程。那么，DTC 商业模式是如何在
传统零售模式的基础上更好地满足消费者的 3 大价值需求
的呢？

零售业作为商业的一部分，在过去几千年中不断迭代，
从"前店后厂"到集市摊档，再到如今的超市、购物中心等，
然后再演化为电商平台、线上直播等。在这个迭代过程中，
零售的本质没有发生改变，但"前店"在不断地前移，从"后
厂"移到了集市、超市，再移到了我们的手机上。我们在家
里，就可以享用到千里之外各种工匠打造的商品，这乃是人
间一大乐事。但是地域的限制使得交易过程的中间环节变得
越来越多，交易的成本也越来越高，这就导致了"物美但价
不廉"的情况发生。

后来，生产商与消费者不能建立有效连接，因此生产商不能及时得到消费者对商品的反馈，其生产的商品就不能很好地满足消费者的需求，"物也变得不美了"。在信息技术和物流技术高度发达的今天，以店面经营为主的零售模式也开始动摇了。互联网的出现，改变了人们建立连接的方式，使人和人之间信息传递的距离感被打破，原有的信息不对称被打破。随着物流技术的不断发展，第三方物流越来越发达，因此在商品交易过程中，中间商的作用越来越小。这促使一些创业者需要重新打造"前店后厂"的模式，只不过"前店"是消费者手机上的 App，而"后厂"可能是在世界某个角落的专业化生产商。DTC 商业模式就这样诞生了——创业者自建品牌，然后整合生产资源，利用电商平台，把商品直接卖给消费者。如果没有现在的互联网和数字化技术，DTC 商业模式就只是"道士穿墙"般的神话。

2000 年左右，我国掀起过一场互联网创业的热潮，很多电商品牌，如当当网、阿里巴巴等都是在那个时候创建的。那个时候的电商品牌最想消灭中间商，让品牌商、制造商把商品直接放到线上，将商品直接卖给消费者。电商经营模式至今已存在 20 年左右了，实际上，它的发展并不是特别顺利，最后也只有为数不多的电商平台存活下来了。在 2000 年，人们对互联网的认识还没有像今天这样深入，人们还没有智能手机，都还用电脑上网；同时，物流体系还没有像今

天这样发达，没有出现顺丰、达达等快递公司，没有企业
能帮助电商平台为用户提供"送货到家"的服务。因此在
2000 年的时候，很多尝试做电商平台的企业，如 8848 网站，
都没有坚持下来。

今天，无论在美国还是在中国，都有很多人尝试 DTC
商业模式，而且其中的一些人获得了很大的成功。他们获得
成功的主要原因是：智能手机的出现，让用户和品牌能够建
立有效的连接；越来越发达的物流体系，能够支持 DTC 品
牌为用户提供送货到家服务。有了信息基础设施和物流基础
设施的支持，DTC 品牌就不再依赖传统的"产品 + 广告 +
渠道"的销售模式了。

DTC 的"天时、地利、人和"

DTC 商业模式的发展占尽了"天时、地利、人和"："天
时"就是互联网和数字化技术的成熟，"地利"就是生产效
率的提高和完善的物流基础设施，"人和"就是今天的用户
已习惯线上购物，这与 DTC 商业模式高度契合。因此，在
DTC 这个概念出现不长的时间里，几百个成功的 DTC 品牌
已经诞生，几乎涵盖了人类生活的方方面面。

我们把 DTC 品牌称为"数字原生品牌"，原因有如下
两点。

- 第一，DTC 品牌的传播和产品的销售完全实现了线上
  化和数字化。起初，DTC 品牌都没有设立实体店；后
  来，有的 DTC 品牌为了增强用户的体验感开设了用
  户体验店，但大多数用户也只在线下体验，而在线上
  完成交易。

- 第二，DTC 品牌和用户建立了直接的关系，使服务和
  反馈的方式更加直接，从而大大提升了用户的体验满
  意度和产品迭代的速度。

这两点也是 DTC 品牌与淘宝、京东这类电商平台的区
别。举例来说，在淘宝或京东上，用户在搜索"李宁"这
个关键词后可能会发现很多商家都在卖李宁的商品，这些
商家就是传统的经销商。这些商家在商品交易过程中的加
入，会提升整个商品交易链条的成本，也切断了李宁和用
户之间的联系。对于传统的依赖渠道销售的品牌商来说，
其商品一旦"上线"之后，线上渠道和线下渠道就会因为
价格、区域管辖等问题产生一系列矛盾。这些品牌的管理
体制和技能更适合传统的渠道模式，它们往往在"线上"
不敢发力甚至无能为力。

塑造成功 DTC 商业模式的"六脉神剑"

DTC 商业模式和传统商业模式相比，有 6 大转变。这 6 大转变也成了 DTC 品牌能够在激烈的竞争中生存下来的 6 大能力。就像我们比武一样，你必须有过人的招法才能获胜。DTC 品牌在比武中过人的招法就是塑造成功 DTC 商业模式的"六脉神剑"。

第一，从满足用户需求到满足用户欲望。以前，我们在企业的管理中都强调以用户为中心，更确切地说，是以用户需求为中心。例如，美元剃须俱乐部发现，从表面上看，用户的需求是买一把剃须刀，但他们真正的欲望是方便地买到一把物美、价廉的剃须刀。用户的需求容易被满足，但用户的欲望是无止境的。品牌不能满足的欲望，往往就是用户的"痛点"。这是由人的本性所决定的。

在让美元剃须俱乐部一夜成名的广告片里，迈克尔·迪宾（Michael Dubin）上场就吆喝："1 美元，你没有听错，价格真的只有 1 美元……还是你更愿意每个月花 20 美元买大品牌的剃须刀？"这几句话戳到了很多用户的第一个痛点——"大品牌剃须刀片的价格过于昂贵"。接着迪宾又说了一句："也别为每个月都忘记要买剃须刀片而烦恼了，我们每月都会把刀片寄到你家门口。"这句话又戳到了用户的第二个痛点——"剃须刀片购买起来不够方便"。美元剃须俱乐部正是因为在诞生时就抓住了用户的两个痛点而大获成功。"痛点思维"是 DTC 商业模式的出发点，我们后面会具体讲到这一点。塑造成功 DTC 商业模式的"六脉神剑"中的第一剑和第二剑，都是基于"痛点思维"。

第二，从目标用户到痛点用户。之前在产品设计和市场推广的时候，我们的目标用户都很具体，如"白领女性""商务人士""退休老人"，我们往往是根据这些群体的特征来开发产品和做市场推广的。这些群体的特征是显性的，而他们的痛点是隐性的。例如，食品"糖分太高"成为现在关注健康的人群的一个痛点，一些饮品品牌主打的"0 蔗糖"针对的就是"糖分太高"这个痛点。因此，有此痛点的人群就会成为低糖饮品品牌的用户，既包括年轻人也包括老年人。

通常，年轻人"拒糖"是因为怕长胖，老年人"拒糖"是因为怕血糖升高。我们以瞄准用户这一痛点的元气森林为例。在外包装上，元气森林既有时尚包装，也有偏传统的包装。虽然元气森林的销售模式不是 DTC 商业模式，但其在产品定义和推广方面所采用的模式与 DTC 商业模式有异曲同工之处。但是元气森林的传统分销模式，成为它在这个时代经营管理的显著阻碍。DTC 品牌的产品都是基于用户痛点来设计的。因此，要找到有共同痛点的用户群体并做精准营销，是 DTC 商业模式区别于传统分销模式的亮点。

第三，从推广到连接，建立强关联。连接不是推广，而是互动。这一点是 DTC 商业模式和传统分销模式的本质区别。传统分销模式会进行"压货"，由渠道商"铺货"，把商品分配到门店。品牌商会支付大笔的营销费用，在公共媒体上打广告，却很难获得用户的反馈。这些品牌商甚至也不清楚门店的销售情况，因此只能拼命地打广告，找明星代言。在美元剃须俱乐部的广告片中，迪宾就说："你愿意每个月花 20 美元买大品牌的剃须刀吗？其中的 19 美元都作为代言费给了'网球天王'费德勒。"如果你能听到用户的意见，把用户的需求都满足了，那么离成功也就不远了。

第四，从生产产品到创造体验，体验比产品更重要。今天，DTC 品牌为用户提供的不仅仅是一个满足其功能需求的产品，而是消费全过程的体验，这种体验也是创造出来的，是一种创新。小米就是中国 DTC 品牌的典范。几乎在所有的线上渠道，用户都可以搜索到小米的产品，其产品和包装设计都很简约、时尚。同时，"米家"App 能方便地把你购买的小米产品进行统一管理，用户还可以用手机对很多智能设备进行远程控制。最关键的是，小米的产品还有很高的性价比。

第五，找到靠谱的供应商，从供应契约到资源共享。供应链的竞争力就是产品的竞争力。在诸多 DTC 商业模式的成功案例中，我们可以看到，每个 DTC 品牌只是设计和销售产品，用今天的专业术语来说，就是采用"代加工 + 贴牌"的模式。但是这些 DTC 品牌的创立者，不仅仅把供应商看作供货者，而且把它们看作"和巨头作战"的盟友。因此，DTC 品牌在选择供应商时是非常挑剔和谨慎的。

DTC 品牌的创立者在选择供应商时最关注以下两点：一是供应商愿意和 DTC 品牌共同创新，二是供应商能够给予 DTC 品牌长期支持。而第二点可能更加重要。线上的销售常常会出现井喷式的爆发，这会让供应商始料不及。因此一个能够持续支持、满足销量需求的供应商对 DTC 品牌来说至关重要。如今，互联网和物流网络已经十分成熟，DTC 创业者们也能在全球范围内寻找供应商。例如，美元剃须俱乐部的供应商是韩国的企业，哈勃隐形眼镜的供应商是中国台湾的企业。

第六，从追求企业利润到创造企业市值。在传统的品牌管理中，利润是考核企业的一个重要指标，但在 DTC 品牌发展的初期，投资者更看重市场份额和增长预期。在 DTC 品牌的发展过程中，融资是一个必要的环节，几乎没有一个创业者是完全靠自己的资金创业并发展起来的。创业者想要获得融资，就必须面临企业估值的问题，因此也必须了解投资者评估企业不同发展阶段以及企业价值的方法。

也许大家都听说过市销率估值法（PS）、市盈率估值法（PE），它们都是企业发展过程中的估值方式。市销率估值法的计算方式是用企业的销售额乘以估值的倍数。例如，企业销售额是 1 000 万元，如果估值的倍数为 10，那么企业的估值就是 1 亿元。市盈率估值法是用企业的利润来估值的方法。在发展初期，企业一般都是亏损的。如果用市盈率估值法对初创企业进行估值，那你很难估计出该企业真实的价值。因此在企业发展初期，投资者往往会使用市销率估值法对企业进行估值。

以上所讲的"六脉神剑"其实是 DTC 企业的基本功，或者说创业者必须每天都要拷问自己的 6 个问题。我们有了这样的思考，才能做正确的事情。很多创业者遭遇失败，不是因为他们缺少勇气和毅力，更不是因为他们不够勤奋，而是因为他们没有找到正确的做事方式。

本书讲了什么

前段时间，我看到了一份关于中国 DTC 品牌发展趋势的报告。让我很惊喜的是，很多新的 DTC 品牌出现了，开始挑战原来的传统大品牌。DTC 商业模式逐渐获得了更多用户和投资者的认可，完美日记、植观、参半等 DTC 品牌也相继获得融资。百度、阿里巴巴、腾讯、字节跳动、美团、滴滴等数字化企业为中国构建了完善的数字化基础设施，这些新的数字化基础设施会孕育出很多新的商业模式，因此，中国的 DTC 品牌创业的热潮还会持续很长一段时间。

本书想为 DTC 品牌的创业者提供一套方法论，说明 DTC 品牌落地的步骤。创业是一个艰难的过程，有人说创业是"九死一生"，我倒不这么认为，从我自身及周围创业者的经验来看，创业失败者都缺少清晰的创业路径和指导，仅凭自己摸索。如果成功创业需要做对 10 件事，但我们只做对了 5 件事，那么我们自然不会成功。数字化正在重塑整个世界，DTC 作为一种新的商业模式，给予了我们这个时代的人更多的创新创业机会。看到国外很多 DTC 品牌创业成功的案例后，我便萌发了写本书的动机。我想让渴望创建 DTC 品牌的创业者在创业的路上有章可循，降低失败的概率。

本书分为两大部分。第一部分基于国内外 DTC 品牌成功的案例，把 DTC 品牌成功创造价值的过程分解、提炼成 7 个步骤。这 7 个步骤是 DTC 品牌创业者的必答题，而不是选答题。如果你没能很好地完成其中的某一步，那么你的创业就注定是失败的。第二部分基于数字化技术，给出了"引爆"DTC 品牌的 5 个有效路径，阐述了在上述 7 个步骤的实施过程中，如何把 DTC 商业模式和数字化技术很好地进行结合，从而提高 DTC 品牌的运营效率和竞争力。

本书对 3 类读者会有很大的帮助。

- 第一类是创业者，即想创立 DTC 品牌的人。从本书讲述的每个成功案例中，你都会学到创新产品的方法、市场营销的策略、与投资者谈判的技巧。同时，你将学会如何成功地把一个 DTC 品牌纳入整个社会的商品品牌阵营中去。

- 第二类是在传统企业从事商品开发、市场营销等工作的管理者。如今，很多品牌都在探索线上营销和无店铺销售模式，这些都是 DTC 商业模式的一部分。每个传统品牌都在谋求创新，而 DTC 商业模式无疑就是传统企业向新零售转型的一个很好的战略路径。

- 第三类就是基金投资经理和关注 DTC 商业模式的学者。对基金投资经理来说，本书的这些成功案例，会为基金投资经理提供一个很好的借鉴，使其了解如何评判一个新的项目。对于关注 DTC 商业模式的学者来说，本书的这些成功案例都是很好的教学和研究案例。

创新大致可以分为 3 种。第一种是原创，即你发明了世界上之前没有的产品，如芯片。第二种是应用的创新。中国的移动支付、社交软件等都是应用的创新。第三种是商业模式的创新，如 OTO（Online to Offline，从线上到线下）商业模式、DTC 商业模式等，都属于商业模式的创新。很多公司的创新可能是上述 2 种或 3 种创新的叠加。

在产品研发方面，DTC 品牌创新了产品的生产和组织方式；在销售方面，DTC 品牌改变了原有的销售方式；整体而言，DTC 品牌改变了财富创造的方式。希望 DTC 品牌的创业者能够通过本书找到战略落地的途径，激情澎湃地成为中国 GDP 增长的贡献者。

前 言　DTC 商业模式，重塑品牌与消费者的连接

第一部分

7 个步骤，打造成功的 DTC 品牌

CREATE
A DTC
BRAND AND
WIN BIG

无须盲目试错，
把握成功创业的路线图

本书把 DTC 品牌成功创造价值的过程分解成了 7 个步骤。在每个步骤当中，本书都给出了具体的目标、战略方向、实施的路径和方法。这 7 个步骤可以说是 DTC 品牌成功创造价值的路线图，并且每个步骤都是关键的、相互连接的、不可跨越的。就像冬奥会的花样滑冰运动员一样，他们必须把每个分节的动作都做到完美，才有获得冠军的可能。创新没有捷径，每个步骤都是对创业者智慧和耐性的考验。

创新是有章可循的，我很不喜欢那些整天把"试错"

挂在嘴边的伪创新者。如果你用试错的方式进行创新，倒不如先读读本书，按照本书提出的 7 个步骤踏踏实实地走好每一步。

一些创业者经常会来与我交流。他们有了一个好的创业想法，也快速地做出了产品，并且他们的产品在市场上得到了一些好的反馈。按照本书提出的 7 个步骤，这些创业者需要开始融资，这是 7 个步骤中最难的一步。但有的创业者想越过这一步骤，用几个创始股东的"种子投资"快速地进入市场，想在获得"好看"的市场数据后再找投资人。这种做法几乎是不可行的，在数字化时代，用户和你的接触点不断增多，想要实现快速增长，就要有一定的资金做营销。因此融资这个步骤是创业者必须经历的，是必不可少的。

7 个步骤中的每个步骤都可以在创业过程中实现迭代，例如，在创业过程中，我们可能会发现新的痛点，然后重新定义产品，产品会随之实现迭代。美国的 DTC 品牌"三爱内衣"（THIRDLOVE），在创业过程中发现有些用户找不到合适尺码的内衣，后来就推出了"半码"的内衣。"半码"内衣解决了部分用户找不到合适尺码内衣的痛点，受到了广大用户的青睐。在创业过程中，品牌会得到用户的反馈，然后据此更新产品，并不断筛选出更好的供应商；营销方案也可以不断得到优化，实现迭代。我们的终极目标便是实现品牌的价值。

在"六脉神剑"的基础上，我提炼出 DTC 品牌获得成功的 7 个关键步骤。

- 第一步，发现商机，列出"仇恨清单"。你对现有的产品有什么不满之处吗？也许，那就是商机。

- 第二步，设计产品，打败巨头只需要一把"弹弓"。这一步是指快速地尝试设计出别具一格的产品，打造出和别人不一样的产品。

- 第三步，不受限于渠道，"破坏式"地进入市场。"破坏式"是指不按照现有的市场规则进入市场。我们进入市场的方式可能是凭借一个别致的广告，一个非常低的价格，或为用户打造的非常别致的产品体验。

- 第四步，第一次天使融资，找到"富爸爸"。这一步是指我们需要找到独具慧眼的投资人，从而快速获得融资。

- 第五步，利用核心竞争优势，找到靠谱的供应商。什么是靠谱的供应商呢？就是能够和你一起进行创新、持续支持你成长的供应商。

- 第六步，全渠道触达，"爆炸式"地拓展市场。这一步也是决定企业市值的关键一步。

- 第七步，价值变现，进入独角兽俱乐部。这一步是指你需要找到那些愿意收购你的品牌的人，将品牌售出后实现价值变现，并将 DTC 品牌推入整个市场中。

第 1 章

第一步，
发现商机，列出"仇恨
清单"

几年前，我到超市买年货时顺便买了一打某品牌的发酵乳，这个发酵乳的口感很不错。恰好这个品牌的董事长是我的朋友，我就拍了一张商品的照片并用微信发给他，赞扬这个产品。他马上回复我说："你不能喝这个，它的糖分太高了。""糖分太高"已成为人们生活中的一个"痛点"，年轻人不吃糖往往是因为怕长胖，老年人不吃糖往往是因为怕血糖升高。近年来，一些新品牌正是抓住了这个商机，凭借其无糖或低糖的特点，逐渐被消费者熟悉。

列出"仇恨清单"，是所有产品创新的第一步

从某种程度上可以说，人类消费文明的进步都是从更好地满足人类美好的欲望、让人类获得更多幸福开始的。当"幸福＝现实－期望"这个公式的值是负数时，痛点就产生了。

欲望没有得到满足，人类便会不满于现有的产品和服务，"痛点"便产生了，还可能会变成"仇恨"。有了"仇恨"，我们就有了创新的动力。因此，DTC 品牌创业的第一步，就是从我们的生活中找到这些痛点，列出"仇恨清单"。这也是所有产品创新的第一步。

那么如何才能发现这些痛点呢？如何才能把痛点转变成商机，而且是 DTC 商业模式的商机呢？DTC 中的"C"代表用户，这是提醒我们，我们要找的是用户的痛点。我们每个人每天都在消费，都是用户。你把每天在消费中感受到的痛点收集起来，列出"仇恨清单"，就可以在"仇恨清单"中找到商机。

美国著名的 DTC 品牌 Tuft & Needle 床垫的创始人约翰·托马斯·马里诺（John Thomas Marino）的创业经历，就是从列出"仇恨清单"开始的。约翰·托马斯·马里诺和他的妻子于 2010 年在旧金山的一家床垫商店以 3 000 多美元的价格购买了一款泡沫床垫。对于刚从宾夕法尼亚州立大学毕业的约翰·托马斯·马里诺来说，这个床垫是他有生以来买过的最昂贵的东西。他记得自己走了很长的路，到了几家商店并试图比较价格后，最后才选择了一家商店的床垫，但这家商店的员工告诉他们还要等两天后床垫才会到货。更糟糕的是，送货员并没有在预定的日期送货。约翰·托马斯·马里诺说："这是一场噩梦，是我一生中最糟糕的经历之一。"他和妻子都不喜欢这张床垫带给他们的体验，但是该商店有严苛的退货政策，因此他们还是留下了这张床垫。这个案例中被"仇恨"的是购物的体验。约翰·托马斯·马里诺和他的合伙人起初就是用列出"仇恨清单"的方式寻找行业的痛点和用户购买商品全流程的痛点，并进一步找到创新突破点的。他们创建了 Tuft & Needle 床垫公司，不再卖传统的床垫，而是卖新开发出来的乳胶床垫。这种床垫可以被压缩后放进一个箱子里，因此搬运起来十分方便。他们用 DTC 商业模式销售床垫，一举获得了成功，成为 DTC 商业模式的一个成功案例。

最早用 DTC 商业模式创业成功的美元剃须俱乐部的创始人——迈克尔·迪宾起初就很讨厌去商店买剃须刀。吉列最高级的刀头每盒卖 5 美元，贵得离谱。更要命的是，刀头很少陈列在商店的货架上，因为它们尺寸小，很容易被偷，因此很多零售商就把刀头放在柜台后面或者锁在抽屉里。这就导致了用户在购买刀头时很麻烦，因为得让售货员帮忙拿刀头。因此在迪宾列出的"仇恨清单"中，第一个"仇恨"就是现有剃须刀品牌——吉列的产品价格过高。后来，美元剃须俱乐部推出了同款产品，但其价格只有吉列同款产品价格的 1/3。第二个"仇恨"是购买不方便，因此美元剃须俱乐部采用"订阅"送货到家的服务模式。值得一提的是，迪宾知道很多男士和他的感受是一样的。也就是说，这些"仇恨"具有普遍性。

在我们的日常生活中，痛点随处可见，现在很多品牌都在研发无糖产品。而"多盐"也是很多老年人的痛点。针对"多盐"这个痛点，我们能不能研发"无盐"或"0 食盐添加"的产品呢？如今，人们都对蔬菜和水果上的农药残留表示担心。针对"农药残留"这个痛点，我们能不能研发一种去掉农药残留的洗涤液呢？

实际上，每个"仇恨"都存在于我们的日常生活中，每个人在日常生活中都会对某些产品或购物过程产生不满，这就是我们要寻找的痛点。痛点存在于我们日常生活中的方方面面，这也是我们做 DTC 品牌的主要原因。

4 个类别，拆解"仇恨清单"上的痛点

能力上的痛点

人类生存的过程就是适应自然环境的过程。在适应自然环境的过程中，我们会感受到自身能力的不足。例如，我们想像鸟儿一样飞翔，但做不到，因此发明了飞机；我们想把一个几

吨重的物体移开，但做不到，因此发明了吊车、起重机；我们想把消息快速地传递给别人，因此发明了传真、即时聊天工具等。直到今天，我们仍然对很多事情无能为力。例如目前，我们还没有有效的办法消灭新冠肺炎病毒，我们也没有特别有效的办法控制洪水，我们总是会忘记很多事情……人类能力上的不足，几乎称得上是人类最大的痛点。在石器时代，人类就开始制造各种工具，如石斧、弓箭等来弥补能力的不足。进入数字化时代，AI、物联网等新技术赋予了我们更大的创造空间。在京东、淘宝、抖音上，我们经常会看到解决日常生活痛点的小发明，如切菜机、空气炸锅、洗地机等。这些小发明弥补了人类能力不足带来的缺憾。今天，人类仍然有很多痛点。例如，在新冠肺炎疫情期间，每个人都被要求戴口罩，但我相信没有几个人喜欢戴口罩。那么，我们是否可以生产出一种既不影响正常呼吸，又能过滤掉病毒的"鼻塞"呢？

身体上的痛点

从原始社会到当今社会，人类的身体结构没有发生太大的变化，且非常依赖于遗传基因。人类身体上的痛点，有的是天生就有的，有的是生活中的一些事故造成的，有的是衰老造成的，有的是外部环境造成的。医疗业就是基于解决身体上的痛点而形成的行业。一般而言，人的年纪越大，身体上的痛点也就越多，如骨质疏松、健忘等。今天，人类还有很多疾病亟待攻克，如癌症、阿尔茨海默病等。这些痛点都是人类进行创新的机会。目前，很多科学家正在积极尝试攻克这些难题。

今天，人们对通过药物缓解上述痛点是恐惧的，希望寻找自然的方式作为解决方案。很多年前，我母亲患有严重的骨质疏松症，甚至连走路都很困难。一次偶然的机会，我到韩国济州岛参加一个活动，当地人给我介绍了一种保护骨头的保健品——马骨粉，它的功效就是缓解老年人的骨质疏松症状，我就买了一些给母亲。母亲吃了几年马骨粉后，骨质疏松状况有了明显的改善。中国的湖北黄冈是古代名医李时珍的故乡，出产艾草、茯苓等很多保健用的中药，也继承了很多中医养生的"土特产"。这些"土特产"都有实现产品化和品牌化的潜力。

20 世纪 60 年代是中国的生育高峰期之一，当下这一代正逐渐进入退休状态，养生将成为他们日常生活的重要内容。目前，中国对老年人的消费需求研究得还不够深入，老年人这一群体背后蕴含着巨大的商机。

精神上的痛点

精神上的痛点越来越受到人们的关注。人类从远古社会开始，便用美好的、艺术性的事物去抚慰心灵上所受到的创伤，表达对一些过往的事情、人物、地方的怀念，或利用美好的东西，如艺术品、首饰等奖励或感谢别人的贡献。人们总想得到他人的关注，总想用各种服饰展现自己的阶层和状态。服装行业和化妆品行业就立足于人类的这些欲望所产生的痛点。手镯、头饰、盲盒、香烟、酒水等产品，都是人们需要的慰藉精神的产品。

如今，无论是男性还是女性，有不少人习惯一个人吃饭，一个人"撸"猫，一个人看球……单身人群是一个非常庞大的群体，也是一个极具潜力的市场。这个群体在注重物质生活的同时也注重精神生活，他们非常看重消费体验。盲盒的卖点就是"玩偶＋惊喜"。现在流行的新茶饮，如奈雪的茶、喜茶等品牌更注重产品的设计。这些品牌的产品价值，远远超越了功能本身，"茶"变成了一种陪伴。这些品牌击中了一些用户"孤独"的痛点，即击中了他们精神上的痛点。

中国另一个孤独的群体就是老年人。如今，中国有很多空巢家庭。即使不是空巢老人，老人们和子孙的沟通也是偏少的。针对老年人这个群体，人们往往更加关注他们的物质生活需要，而忽视了他们的精神需要。日本的茑屋书店受到很多老年读者的喜爱，因为茑屋书店里有很多旧书，老年人能够在这里找到他们曾经的回忆。茑屋书店一般都会设置一个专用的停车场，但这个停车场收费很高。年轻人为了节省停车费，宁愿把车停远一点，而日本老年人一般还是很富有的，他们愿意接受高昂的停车费，所以这个停车场基本上成了老年人的专属停车场。同样地，在我原有的认知中，老花镜就只有那种最原始的"黑框＋椭圆镜片"款式，但日本一个专门经营老花镜的品牌把老花镜做成了时尚单品。该品牌的老花镜有各种材质、各种颜色、各种造型的镜架，比普通眼镜店的产品更加时尚。因此，该品牌的老花镜在日本很受老年人的欢迎，当然其价格也不菲。

综上所述，无论是年轻人还是老年人，都有精神上的痛点，其中也蕴藏着宝贵的商机。

不方便的痛点

从某个角度可以说，"投机取巧"是人类的本性，人们总希望能用简单的办法解决复杂的问题。现在，大部分上班族都不喜欢做饭，于是外卖流行起来了。但是很多人又觉得长期吃外卖不健康，对身体不好，那么我们是否可以发明一种可随身携带的迷你检测仪，用来检测食品是否健康呢？在日常生活中，我们随时都可能会遇到不方便的痛点。

新消费引发新痛点

近几年，新消费、新品牌成为投资界的热词。茶颜悦色、花西子、完美日记、泡泡玛特等新品牌，受到了年轻人的追捧。这些新品牌都是随着新消费的兴起而产生的。随着科学技术和经济的发展，人类社会的文明也在不断进步，进而不断促使人们消费水平的升级。只要人们对美好生活的需求在不断升级，就会不断产生新的痛点、新的消费、新的商机。

新消费是人类社会的一种常态，原来不化妆的人现在开始化妆了，便产生了化妆品的消费；原来不习惯养生的人现在开始养生了，便产生了保健品的消费。人们对美好生活的不断追求和社会文明的进步，是产品创新的原动力。为什么近几年诞生了很多新品牌呢？其关键原因就是"速度"。人们的生活节奏变快了。互联网、高铁等新的高效率通信和交通设施，使人们进入了一个高效率的时代，而人自身的体能并没增强，所以不得不向外界"能力"寻求帮助以适应这种快节奏的生活。这些"能力"是什么呢？是帮助人们节省时间的产品，是使人们能快速地从疲劳中恢复过来的产品，是帮助人们保持身体健康的产品。因此我们看到很多由方便面衍生而来的更有特色、更个性化的速食产品，如自热火锅、速食螺蛳粉等都受到承受着巨大工作压力的年轻人的喜爱。如今，外卖到家已经成为很多人离不开的一种服务方式，因为它能为我们节省很多时间。

我们也看到了各种养生产品的出现。艾灸是中国传统的养生方式。依托 4 大艾草产地，中国已经形成了市场规模近 800 亿元的艾草产业，也衍生出一大批与艾草相关的养生产品，如艾草膝盖贴、艾草眼贴、艾绒等。

人们生活环境的改变速度加快了。随着二线和三线城市的建设速度加快，城市化的进程向前推进，以及生活环境的改变，人们提升生活品质的需求越来越强烈。这也是引发新一轮消费热潮的根源。生活在乡镇的大部分年轻人，都希望能过上城里人的生活，农村的城镇化会为家居类和电器类企业带去商机。

人们过去只追求满足最基本的衣、食、住、行需求，而"互联网原住民"，即现在的"90 后"，乃至"00 后"则追求更高层次的健、美、酷、精。健康和健身是新消费的热点。特别是这次世界范围内的新冠肺炎疫情暴发后，无论哪个时代出生的人都加大了在健康方面的投入。近几年，"朋克养生"在"90 后"中流行起来，人们一边熬夜，一边用昂贵的护肤品，或是在啤酒里加枸杞，在可乐里加党参，在威士忌里加人参，在蹦迪时贴膏药。原来的农夫山泉、娃哈哈等产品不能满足他们的新需求，不能适应他们新的养生方式，于是消费者产生了新的痛点。这也为商家提供了更多创造新品牌的机会。如今，走进便利店时，你便能看到以元气森林为代表的新茶饮产品，这些产品大多都是为迎合"90 后""00后"的需求而产生的。

人们在健康方面的投入也体现在智能设备上。当下的智能手表不仅能够显示时间，也能帮助人们计步数和监测心跳次数。人们吃肉不想长胖，喝酒不想醉，健身不想贵……这些痛点都引发了新消费，也催生了一批新品牌。事实上，保健、健身、美容、美妆是近几年发展速度最快的新消费品类。

"盲盒经济"是近几年来诞生的新消费品类，也体现了一种典型的消费升级。泡泡玛特于 2020 年 12 月在香港上市，其市值超过了 1 000 亿港币。消费品行业开始进行盲盒营销，几乎覆盖了衣、食、住、行各个方面。在泡泡玛特的用户中，白领和学生是主要群体，占比达到 58.4%。对他们来说，购买"潮玩"不只是被限量带来的稀缺性吸引，更多是将其作为一种情感寄托。例如，Molly 这一玩偶形象从设计层面表达了小女孩傲娇、可爱的性格，这让很多女生有了共鸣，她们可爱、骄傲、倔强，希望被宠溺却很独立。一个 Molly 用户在微博评论道："每个年轻女孩心里都住着一个 Molly。"75% 的泡泡玛特用户都是女性。

因此我们在寻找人们生活中的痛点时，不仅要关注物质层面的痛点，而且要关注精神层面的痛点。从关注物质需求到关注精神需求，再从关注精神需求到关注物质需求，这是多数成功的 DTC 品牌都遵循的逻辑。

- 吃糖会让人感到快乐，但吃糖太多就会对身体不好，因此我们需要一种既能让人快乐又不伤害身体的食品；

- 我们每天都会花很长的时间看手机，但看手机时间太长对眼睛不好，因此我们需要一个既不伤眼睛又能实现手机功能的产品；

- 喝酒会让人兴奋，但喝酒太多会醉，因此我们需要一种既能让人兴奋又喝不醉的饮品；

- ……

这种问题我们可以一直列下去，最后可能会列出几百页。

3 个维度，定义痛点中的潜在商机

第一个是性价比。在众多痛点中，我们看到价格贵是最普遍的一个痛点，或者说人们在购买商品的过程中，3 个永恒的期望就是"物美、价廉、方便"。"价廉"是人们永远的期望，特别是对日常消费品来说，人们总想买到比较好的但是更便宜的商品。换句话说，对于日常消费品，人们更追求性价比。这个痛点，往往是品牌最容易击中的。但是，这给了创新企业比较大的压力，因为生产产品必须付出一定的成本，企业不可能无休止地降价。在 DTC 商业模式下，商品直接由品牌商卖给用户，省去了中间层，也就去掉了中间层的利益。这些利益可以转让给用户，因此用户能感觉到 DTC 品牌的价格要比那些传统品牌的价格更低。

第二个是产品形态和规格的痛点。用户可能对目前市场上的商品或服务不是很满意。在日常生活中，从早晨起来刷牙一直到晚上睡觉，你会经历很多事情，在此过程中可能会对一些线上或线下商家产生很多不满，尽管现在很多商家都在不断优化销售流程和商品。这些不满实际上就是创业者需要找出的痛点，即商机。因此我们在列"仇恨清单"的时候，首先就要把我们在生活中的不满一一列出来，然后再找到市场的痛点。这样的痛点表现为购物体验很差，或者不能满足很多人的个性化需求。在商品短缺的时代，人们对商品也有很多的不满，但因为可供选择的商品有限，人们就会比较包容。如今，人们越来越注重个性化需求，宁愿多花一点儿钱，也想买到自己中意的商品。因此，过去那种标准化、大众化的商品带给用户的痛点，变成了现在的商机。

第三个就是专业性。专业性的痛点，不容易被找到或发现。我们在日常生活当中，都会接受一些专业服务，如理发、看病、装修、电器维修等，这些都属于专业的产品和服务。专业的产品和服务一般都由专业的店承包或请专业的人来做，我们无法自己动手做这些事，自然就成了一个痛点。因为我们不专业，会做得不好或者做得不对。现在，虽然我们能在互联网上搜索到各种专业的产品和服务信息，但这些专业信息可能还不足以让我们完成一件专业性很强的事情。很多人跟我讲，他们去网上搜索视频资料，一边看着菜单，一边学做饭、学做烘焙等，这样的例子还挺多的。可见很多人事实上都很渴望能自主完成专业的事，如果商家能把用户缺少的专业能力通过新产品去弥补，这便是商机。今天，人们生活得越来越精致，也越来越想与众不同，喜欢追求全新的生活体验，喜欢 DIY，如自己装修、自己组装家具、自己染发等。而能够通过创新产品帮助用户实现这些愿望的商家，便抓住了这一痛点所带来的商机。

不同的用户会有不同的痛点、不同程度的"痛"的感受。对于"90 后""00 后"用户来说，他们的成长环境、价值观使其对生活中所使用的一些产品和服务的痛点与他们的父辈的痛点完全不一样。寻找生活中的痛点，列出"仇恨清单"是 DTC 旅程的第一步。

像创业家一样思考

1 举出你自己经历过的通过新产品解决
生活痛点的例子。

2 列出你现在不得不用的产品的"仇恨
清单"。

3 你认为哪类产品还可以采用 DTC 商业
模式?

第 2 章

第二步，
设计产品，打败巨头
只需要一把"弹弓"

　　《圣经》中有个牧童大卫大战巨人歌利亚的故事。巨人歌利亚力大无比，让以色列人极其害怕。牧童大卫去给出征的哥哥送饭时，听到了歌利亚的骂阵，非常愤怒，向他们的指挥官要求参战去击败歌利亚。大卫拿着木杖和甩石的机弦（也就是我们说的弹弓），又从水溪中挑选了 5 块光滑的石子，去和歌利亚对阵。歌利亚头戴铜盔，身穿铠甲，大卫却用弹弓一下子就打中了歌利亚的头。后来，大卫统一了以色列，成为著名的大卫王。牧童大卫和歌利亚对峙，和现在新消费品牌和传统大品牌相互竞争的情景很相似。从这个故事中，我们可以看到，**想要打败传统的行业巨头，或许我们不需要那些重武器，而只需要一把"弹弓"。**

　　今天，我们看到的 DTC 品牌的产品，基本上都是这种轻"弹弓"产品。实际上，任何一个产品的诞生，都要经历一个基于解决痛点的"创意"和"物理实物"不断迭代的过程。著名生物学家爱德华·威尔逊（Edward Wilson）[1]在他所著的《创造的本源》（*The Origins of Creativity*）一书中是这样描述创造的："创造是什么？创造是我们内心对创意的追求。创造的驱动力是人类独有的对新颖事物的热爱。"

在 DTC 商业模式下，产品直接被卖给了用户，因此 DTC 品牌的产品也应该是消费品。要开发出一个好的消费品，无论是吃的还是用的，我们都必须首先了解用户的心智。国内外从事消费者行为、消费者心理研究工作的学者有很多，在做新品开发时，咨询这些学者的建议是非常必要的。互联网上曾经流传的一个段子，讽刺了那些"自嗨式"的创新。段子的大意是这样的：有一个人非常喜欢发明，有一天，他到专利管理局申请一个专利，专利管理局的工作人员问他申请什么专利，他说自己发明了一个灭鼠器，说着从口袋里掏出一个小木板，又掏出一个小锯条，然后把锯条的锯齿朝上架在小木板上，又在小锯条的每一端各挂上一颗花生米。

---

[1] 爱德华·威尔逊是殿堂级科学巨星，有"社会生物学之父""当代达尔文"之称，他在《创造的本源》一书中回答了 3 个关键性问题：创造是什么？如何创造？为什么创造对人类如此重要？本书中文简体字版由湛庐引进、浙江人民出版社于 2018 年出版。在此之外，他还著有《蚁丘》和《博物学家》，其中《蚁丘》揭示了蚂蚁、人类和整个生物圈永恒遵守的自然法则，《博物学家》则以新奇有趣的漫画形式记录了威尔逊的传奇人生故事与科学生涯，这两本书的中文简体字版分别由湛庐引进、浙江教育出版社于 2022 年出版。——编者注

专利管理局的工作人员问他，你这个东西怎么灭鼠啊？他说老鼠跑过来，把脖子架在锯齿上，然后看见两边的花生米，左一口右一口地吃，老鼠脖子就被锯掉了。虽然这是一个段子，但是可以看出来，在产品发明创造方面，有些人没有考虑到用户的心智和行为，或者可能不懂用户的行为，所以才会出现这种"自嗨式"、不切实际的发明。

在互联网时代，品牌和用户很容易建立连接，能够快速地得到用户对产品或创意的反馈，因此产品的迭代速度加快了，这也是 DTC 品牌能够快速成功的原因之一。在新产品的设计过程中，很多人都认为解决痛点的关键在于创意。创意有可能来自你对事物的深刻理解，也可能来自"灵光乍现"，还可能来自"无心插柳"之举。但无论是哪种情况，我们都可以从以往成功的产品的诞生过程中看到，产品的发明者对人性、技术、商业的本质、产品的本质有着深刻理解。

19 世纪初期，牙膏作为人类清洁牙齿的一个创新产品诞生了。发明牙膏的初衷是清洁和保护牙齿，牙膏被人们视为一种药物。后来，牙膏又用来让牙齿变得美白、亮丽，因此被归类到美妆产品。为了让人们养成每天刷牙的习惯，生产者在牙膏中加入了与保护牙齿完全没有关系的成分——薄荷，这会使人们在刷牙后有一种清凉的感觉。这种牙膏也就是我们现在使用的产品。而在这一创意的背后，是牙膏的发明者对人类"惯常行为—奖赏—暗示"这一习惯思维方式的深刻理解。牙膏发明者利用清凉的感觉，给了刷牙的人一个"奖赏"。

电视遥控器的产生则是一个"歪打正着"的发明。20世纪50年代，随着电视机的逐渐普及，在电视节目中插播广告的现象越来越普遍。为了不看那些恼人的电视广告，有人就开始研发广告拦截器。有了广告拦截器，当电视节目中插播广告时，人们不用从舒适的座椅上起来就能关掉电视或更换电视频道。后来，广告拦截器就演变成了现在的遥控器。小小遥控器使用的是光电控制技术，而这项技术也一直在不断迭代。

想要打造一把精美的"弹弓"，并非一件容易的事情，特别是在技术高速发展的今天，人们对大自然的认识已经非常深刻，需求不断升维，对一个产品的定义不仅停留在物理层面，还会在很大程度上考虑精神层面。在过去的20多年中，中国制造业的发展带动了中国品牌的发展，也培养了一大批各个行业优秀的产品设计机构和设计师。这为DTC品牌在中国的发展打下了非常好的基础。近年来，国潮品牌的兴起，也证明了这一点。

3 种有效路径，打造"弹弓产品"

DTC 品牌是基于"将产品直接卖给消费者"的模式而产生的，在 DTC 商业模式下，我们应该开发一个什么产品，取决于我们制定了什么样的品牌和产品战略。

在 DTC 品牌的建立和发展过程中，人们经常用到 3 个策略：降维打击、升维打击、颠覆式创新。

"降维打击"策略往往是将现有的产品做减法，去掉产品的一些功能，不追求高品质而追求低价。这种拓展市场的方式常常是最快、最有效的。拼多多就是一个典型的采用"降维打击"策略的成功案例。以往的电商平台都是主要针对一线和二线城市的用户群，拼多多却从三线、四线甚至五线城市开始拓展，快速地占领了中小城市和农村的线上市场。

"升维打击"策略往往会对产品进行新的设计和开发。苹果手机就是采用"升维打击"策略的一个典型成功案例。"升维打击"策略从两个维度对产品进行升级。一是功能升级，苹果公司把原来只具备打电话功能的手机，升级为能拍照、上网的智能手机；二是产品定位升级，苹果公司把一个本应归类为电子产品的手机，升级为时尚奢侈品。苹果公司的全球第一家旗舰店，开在了纽约奢侈品牌店林立的大街上。凭借其带有科技感的设计，苹果手机深受各年龄段消费者的欢迎。

"颠覆式创新"策略就是指重新定义产品。传统的汽车是用燃油驱动的，但特斯拉的汽车是用电驱动的；传统汽车通常会在其内饰和外型上下功夫取胜，而特斯拉凭借其采用的前沿技术去赢得消费者。特斯拉和传统汽车品牌没有太大的可比性，因为它重新定义了"汽车"的概念。

任何产品的创新都要遵循上面的 3 个策略。下面我们就来看一看 DTC 品牌的成功案例，看看这些品牌是怎样运用这 3 个策略的。

降维打击

在第 1 章提到过的美国 DTC 品牌——美元剃须俱乐部的产品就是一个典型的"降维打击"案例。美元剃须俱乐部开发了一款大众非常熟悉的产品——剃须刀，这款产品面对的"巨人"就是全球闻名的剃须刀大品牌——吉列。吉列"养"着一个研发实验室，雇了几百名科学家，包括冶金学家、皮肤病学家、化学家和人体工学专家。吉列每年会花几百万美元检查刀头的质量，比如有多锋利、多长时间会变钝、什么情况下容易擦伤皮肤。吉列有一个强大的"武器"研发团队，他们的"武器"也相当厉害，但成本很高；传统的"品牌—渠道—零售"的消费模式使得商品的流通成本也相当高。高研发成本加上高流通成本，使得吉列的剃须刀到用户手中时，就变成了高价商品，因此美元剃须俱乐部的创始人没有去研发剃须刀的新功能，没有去做提升产品质量的事情，而是采取"降维打击"策略。他找到一个好用但不贵的产品，能直接打击吉列的产品价格高的痛点。美元剃须俱乐部没有投入大量资金在产品研发上，就制造出了手中的"弹弓"，这种做法就是"降维打击"。美元剃须俱乐部不和"巨人"比拼产品质量和产品功能，而是比拼产品价格和售卖方式。

"降维"不是指偷工减料或假冒伪劣，"降维打击"是将原有产品的功能进行分解，通过给原有产品做减法从而降低产品的成本。国潮品牌完美日记就是通过"降维打击"策略获得成功的典范。

在百度上搜索"完美日记口红的缺点"，你会看到这样的评论，"被称为'国货之光'的完美日记唇釉，优点是便宜，颜色可以代替大牌口红；缺点是不够滋润""完美日记的唇釉价格真的是很便宜了，一支也就 30 多元，但是颜色完全不输大牌口红。可能有的人会说完美日记的口红便宜的原因是用料不如那些大牌口红。我想也许是这样，毕竟一分钱一分货。但是现在很多大学生可能根本就没有那么多钱来买化妆品，所以必须找到一个平价的品牌来代替那些大牌。完美日记完全可以代替那些大牌"。从这些评论中我们可以感受到，完美日记的目标用户就是那些经济实力不是很强的女性，它击中的就是这一用户群体有大牌口红"价格贵"的痛点，其口红保留的是大牌口红的"颜色"，减掉的是"滋润"。同时，DTC 商业模式也使完美日记产品的价格只有大牌产品价格的 1/10。因此，完美日记成为大学生热捧的"网红新国潮"品牌。

升维打击

"升维打击"策略要求提升原有产品的功能和品质。中国的 DTC 内衣品牌 Ubras 就是一个成功采用"升维打击"策略的例子。成立仅 4 年，Ubras 的销售额就突破 10 亿元，其内衣销量更是出类拔萃，远超一些老牌内衣，如都市丽人、曼妮芬、爱慕等。Ubras 更将知名新秀品牌内外、蕉内等甩在身后。在大部分品牌都遭遇寒冬的 2020 年，Ubras创造出月销量近 100 万件、文胸市场占有率达 94.1% 的佳绩。这个"平淡无奇"的内衣品牌到底是怎么火起来的呢？它是如何通过有效的营销手段实现"从 0 到 1"爆发式增长的呢？Ubras 成功的关键就在于，捕捉到"她经济"下用户的新需求，敏锐地发现了年轻女性的需求；实现产品差异化，顺应新女性的悦己需求；找到新品类机会，用"无尺码内衣，无钢圈"内衣一举占领市场。用户需求在内衣上的体现就是逐渐从功能型向舒适型的需求转变。这是 Ubras 获得成功的第一个原因。Ubras 利用"让用户能够像购买成衣一样购买内衣"的品牌核心理念，与用户建立了精神沟通的桥梁，引发用户情感共振。凭借"无尺码内衣"，Ubras 一举抢占大部分内衣市场。美元剃须俱乐部从现有的供应商那里找到了击败"巨人"的"弹弓"，Ubras 则对产品进行了"消费需求升级"设计，打造了该类产品的"2.0 版"。因此，我们说 Ubras 采取的是"升维打击"策略。

颠覆式创新

下面我们要讲的案例是在《DTC 创造品牌奇迹》（*Billion Dollar Brand Club*）一书中提到的案例，与上面的案例有所不同。我们看到的 DTC 品牌大多都针对年轻人市场，但 Eargo 助听器是个例外。助听器市场是个非常传统的市场，归属于医疗器械行业。在这个行业里的"巨人"各个都是"钢铁侠"，DTC 品牌几乎没有可能跻身其中。但 Eargo 竟然打造出一个能够打穿钢铁的"弹弓"，颠覆了这个行业。

　　Eargo 的创始人弗洛伦特·米歇尔（Florent Michel）是一名耳鼻喉外科医师，他发现患者根本不想戴耳背式助听器，因为他们并不想让别人知道自己身体上的缺陷。因此，米歇尔萌生了发明一种隐形助听器的想法。如果你抱着帮助他人的想法来创新，那么灵感无处不在。米歇尔喜欢钓鱼，有一次，他在钓竿上绑假蝇钓饵时想到了一个点子：如果可以制作大小和形状如同假蝇的助听器，把它紧贴在耳朵里，别人几乎就看不见它了，助听器不就成功隐形了吗？于是他集结"各路神仙"，包括医师、电子专家、电池专家、材料专家，使用了能在工艺品商店和家居建材零售商那里找到的全部材料。一部分配件是用木头做的，其余的配件是用金属和塑料做的，他们的产品原型就是这样将所有东西粘在一起，以显示助听器应该是什么样子。就像汽车行业打造概念车一样，Eargo 打造了一个概念助听器。Eargo 没有试图去制造最便宜的助听器，也没有尝试提供最昂贵的助听器所具备的所有功能。他们重新定义了助听器，使助听器变成消费品而不是老年人医用器械，他们的目标是"使助听器尽可能地不像记忆中祖父母或父母所戴的米色耳后假体"。

　　所以我们看 Eargo 的新品开发过程，即"弹弓"打造的过程，不像其他 DTC 品牌那样在原有的产品原型上开发或者是从现有供应商那里找到满足要求的产品；Eargo 重新定义了一个产品，实现了助听器产品的颠覆式创新。

从上面 3 类成功 DTC 品牌案例中，我们看到如下几点。

"降维打击"的产品，往往击中的是大品牌商品价格高这个痛点，而 DTC 商业模式的特点就是去掉中间渠道，降低交易成本，因此更容易让产品做到物美价廉，并由此对原有的市场形成冲击。但这种产品特别容易被复制，因此这种产品在进入市场时，一定要快速占领市场。

"升维打击"的产品击中的是用户对现有产品不满意的痛点，这个痛点不仅仅包括产品价格，还包括产品功能和体验，因此，DTC 品牌需要技术专家和数字化技术的帮助。用户对产品功能和体验的满意度是不同的，因此 DTC 品牌需要专业人士帮忙定义产品；同时还要基于用户的反馈信息进行大数据处理，快速实现产品迭代。

"颠覆式创新"的产品击中的是用户需求没有被现有产品满足的痛点。随着社会的不断进步，人类对幸福生活的需求在不断提升，物质生活的满足是提升人类幸福感的重要组成部分。"颠覆式创新"的产品，要么就是这个世界上原来没有的产品，如"家庭机器人"，要么就是重新定义现有的产品，如"无人驾驶汽车"。这种原创产品往往被视为高科技产品或是专业产品。DTC 商业模式最大的作用是将高科技产品或专业产品转换成消费品。

5 个关键要素，让"弹弓产品"成为
"DTC 爆品"

我们可以看到，上述 3 类 DTC 产品的打造过程有一些共同的特点。

- 第一，都基于"仇恨清单"中的痛点来定义产品。这是 DTC 产品开发最基本的路径。只要产品能直接解决用户的痛点，用户就会喜欢 DTC 产品。

- 第二，找到专业的人来帮忙。在采用"升维打击"和"颠覆式创新"策略而进行的产品创新中，专业人士是至关重要的。

- 第三，实现快速迭代，接受第一批产品的退货，要做"打不死的小强"。

产品设计是 DTC 商业模式中的一个重要环节。在不成功 DTC 品牌的案例中，我们看到创业者经常犯的错误就是

没有找到明确的目标用户。当被问到谁是这个产品的目标用户时，他们的回答都是泛泛的"年轻女性""学生"等。要"攻击"的目标用户群体很大时，我们的产品就不能只是一个"弹弓"了，有时我们甚至需要一颗"导弹"。DTC 创业者一定要确保目标用户的明确性。在这里，我用"弹弓"来比喻 DTC 产品，就是希望我们的产品思维是简单而锋利的。

DTC 产品主要采用电商模式这一销售渠道拓展市场。因此，DTC 产品也必须具有电商产品的特征。

- 第一是产品的"颜值"。产品的"颜值"是吸引线上用户眼球的第一要素。产品的形状、色彩、包装需要达到产品"模特"的要求，必须适合拍照和线上展示。

- 第二是易于推广。DTC 产品要有"故事"、有"亮点"，这样才能更便于用户在线上评价并将产品推广出去。

- 第三是适合邮寄。我们一要考虑产品邮寄的成本，二要考虑产品在邮寄过程中的损耗。

- 第四是完善的配套服务。产品的可服务性和易服务性可以有效提升用户的体验。

- 第五是产品的价格。价格的设定应考虑用户风险的控制规则。产品是否能达到用户的预期，以及在运输过程中的风险，都是用户考虑的影响价格的因素。

像创业家一样思考

1 分别列举出你最近买的产品。哪些是"降维打击"产品，哪些是"升维打击"产品，哪些是"颠覆式创新"产品？

2 基于你在第 1 章中列出的"仇恨清单"，尝试设计一个概念产品。

3 你最近购买过特别满意的新产品吗？如果有，请写出对该产品的评价。

CREATE A DTC
BRAND AND WIN BIG

第 3 章

第三步，
不受限于渠道，"破坏式"地进入市场

1995 年，我加入 IBM（中国）公司商品流通事业部。在报到的第一天，老板与我进行简单的沟通后说：下午有个关于"Channel"的会议，你也去参加一下。我当时脑子没有转过来，因为那时我只知道"Channel"是指电视节目频道，所以我下意识地想这可能是和某个电视节目频道合作的会议。听了半个小时后，我才明白他说的"Channel"不是指电视节目频道，而是指产品的销售渠道，这个会议就是渠道管理会。后来，我逐渐了解到大企业的产品销售基本上都是依靠渠道的，所以渠道管理是这些大品牌产品销售管理中非常重要的组成部分。

当一个新产品研发出来后，品牌商需要做的第一件事就是找渠道商进行销售。当时，销售渠道商起到了两个非常重要的作用。渠道商的第一个作用就是垫资，因为在整个供应链上，零售商是"老大"，所以一般向品牌商要求 3~6 个月的账期，但品牌商要生产，也需要流动资金，不愿意承担这个账期，所以渠道商就承担了这个账期成本。当时我们在考核渠道商时，更关注其是否具有雄厚的资金实力，而不太关注其销售能力。如果渠道商有足够的资金，我们就会把产品送到它的仓库。当时，品牌商销售经理的业绩指标就是让这些渠道商压货。渠道商的第二个作用就是，品牌商需要借助它的仓储能力和物流能力。

实际上，这些渠道商的销售能力都不是特别强，品牌商为了助力渠道商销售其产品，就开始铺天盖地地打广告。因为品牌商触达不到最终的用户，也不知道谁是其目标用户，所以它们只能花巨额的广告费用，通过公共媒体，如电视广播、路牌、报纸等投放大量广告。品牌商希望终端用户能够通过大量广告对其产品有所感知，希望用户在超市或者到某家小店购买这类产品时，能够快速地选择其品牌的产品。

渠道商费用和广告费用，导致产品在零售端的价格颇高。曾经有人测算过一双鞋的流通成本，假设一双鞋的生产厂家的售价（也就是现在所说的白牌售价）是 40 元，之后这双鞋被品牌商打上一个商标，那么这双鞋的价格就变成了400 元，然后这个品牌商又把鞋卖给了一级代理，一级代理又把鞋卖给了二级代理，二级代理又把鞋卖给了零售商，零售商标出的零售价格就可能是 1 400 元了。因为在整个流通过程中，每一个交易环节的商家都需要考虑利润水平、运营成本、税收等因素，从而使得产品的价格颇高。所以这种传统的渠道模式，导致中间环节的成本非常高，产生了巨大的流通成本，这也是让用户感到"高价痛"的根本原因。

打破常规，直接占领用户心智

DTC 品牌进入市场的"破坏性"包括以下 3 点。

- 打破了常规广告推广的模式，直击大品牌的痛点；占领用户的心智，诠释产品和服务的优势。

- 打破常规的交易方式，如试穿、试戴等，都体现了互联网时代用户对公开、透明交易的偏好。

- 直接与用户建立连接，改变了与用户的关系，把消费者从"顾客"变成"用户"。

DTC 品牌进入市场的第一步是"找人"而不是找渠道，第二步是通过各种方式和用户建立直接的"连接"。这是DTC 商业模式和传统品牌商渠道模式的本质区别。在 DTC 商业模式刚在市场上出现时，传统品牌商对此不屑一顾，因为他们还是用渠道思维方式来思考，而不是用互联网思维方式。DTC 品牌打破了原有品牌商走向市场的思维方式。这种"产品＋互联网"的模式，让新一代的用户觉得这一模式更加契合他们的思维方式和生活方式。

DTC 品牌推广产品的模式和内容，也打破了上百年广告媒体的那种教科书般的模式。以前，如果品牌商要推出一个新产品，市场部就会把很多广告公司找来，帮助其设计文案、广告的脚本；再讨论用什么样的渠道，打什么样的广告，采用什么样的广告语；然后讨论请哪个明星代言，去赞助哪些节目、重大体育赛事、文艺活动等。这一推广流程花费的时间少则 3 个月，多则半年，而且费用是非常高的。这样的做法不仅花费时间长、成本高，而且不能及时地获取用户的反馈。中国每年有上万件新产品问世，但 90% 的产品最后都没有成功。这其中的原因有以下两个。

- 一是传统的品牌商模式需要大量资金做市场推广。一般来讲，如果创业企业资金不够充足，就会面临破产的危险。

- 二是得不到用户对产品的反馈，这会使品牌商找不到新产品改进的方向。

DTC 品牌"破坏式"地进入市场的方式，恰恰避开了传统推广模式的这两大缺陷。此外，它还有一项优势，就是可以吸引投资人的目光。"破坏式"地进入市场要达到的真正目的，就是要找到投资人进行投资。在投资人面前，你要证明以下 3 件事情。

- 第一，证明你的产品能够击中用户的痛点。
- 第二，证明你的模式可以使品牌市值实现快速增长。
- 第三，证明你选择的目标市场可以使品牌市值实现快速增长。

几乎每个投资人都希望看到你量化的"破坏式"地进入市场的结果。他们很关注你的目标用户群体规模、用户的购买行为、用户的价值观，"破坏式"进入市场的成果——销售量以及重复购买的用户数量。所以在踏出这一步之前，你一定要有一个周密的计划。如果没有做好计划，一个很好的创意、一个很好的产品可能还没能走出这一步，还没能在市场上被用户认同，就在"概念"阶段"夭折"了。

把握 4 大关键点，为获得投资精准蓄力

在制订"破坏式"地进入市场的计划时，第一个关键点就是确定你要"破坏"什么。这种"破坏"是针对市场或行

业中长期束缚用户消费行为的那些规则而言的；这种"破坏"是为了增加用户购买产品的权益和自由。例如，"低价"能够使原来买不起某种产品的用户买得起，能够减轻用户因原来"昂贵"的价格而产生的经济负担；"试穿""试戴"能够降低用户购买商品的风险和决策成本。这种"破坏性"的威力和针对的人群、所在的区域、生命中所处的阶段都是密切相关的。

在做消费产品时，品牌需要考虑到每个人的产品价值观，但是把有共同产品价值观的人聚到一起，是一件非常难的事情。所以在"破坏式"地进入市场时，第二个关键点就是确定目标市场。美元剃须俱乐部一开始实施的低价策略的"破坏性"就会对那些价格敏感的用户很奏效，而对于那些对价格不敏感的人没有太大作用。我问过在美国留学的几个大男孩是否知道美元剃须俱乐部，他们都说听说过，但是都没买过其产品，因为到美国留学的中国孩子，很多对价格都不敏感。

第三个关键点是确定用户的心理。"有机"对关注健康的人来说是必要的，所以很多品牌都在开发有机食品。我们往往觉得老年人更需要关注健康，对"有机"会更敏感。但有一次我让母亲多买些有机蔬菜时，母亲却说，她活了这么大年纪了，一辈子都吃普通的菜，现在吃有机蔬菜不会有什么作用的。因此，老年人这一群体可能不是有机产品的目标用户群。年轻的母亲在给孩子买食品的时候，很在意"有机"这一特点，因此，年轻的母亲这一群体可能是有机产品的目标用户群。

第四个关键点是产品的营销能力。我们选择哪些平台进行推广？选择哪些关键意见领袖（KOL）帮我们发文？我们的文案形式是什么？拍什么样的短视频？找什么样的主播做直播带货？选择哪个时间段推送？找哪家快递公司为我们提供物流服务？这些问题的答案，都是运营能力的体现。美元剃须俱乐部的第一个短视频，让很多人觉得很酷，所以其产品影响力得以快速扩大。它们能做出这么高质量的营销短视频和其创始人就是做线上营销策划工作是密切相关的。

上面提到的这 4 个关键点，会直接和"破坏式"地进入市场的结果有关，会直接影响投资人对产品和模式价值的判断。在投资人眼中，DTC 商业模式还有两个和其他模式区别开来的量化指标，即用户数和复购数。因为 DTC 商业模式是由互联网衍生而来的，所以投资人往往会用互联网的一些指标来检验 DTC 商业模式是否成功。因此，品牌和用户建立连接的方法非常重要，也会影响品牌能否将"顾客"转化为用户、用户是否会持续购买。例如，我们只通过一些大的电商平台开店，但这些平台不会和我们分享和用户可"直连"的信息。这些平台只是我们的线上销售渠道，我们需要付给这些平台流量费，这笔费用往往比线下的渠道费还要多，所以很多 DTC 品牌会用各种技术手段，建立自己的私域流量池。在美国，亚马逊也开始和一些店主分享用户的数据。我们和用户的连接方式与我们未来的销售有着直接的关联，这一阶段的用户数和复购数，也是投资人评价企业未来价值的重要指标。

"破坏式"地进入市场，是 DTC 商业模式获得成功的最关键的一步，也是决定我们能否拿到投资的关键一步。很多 DTC 品牌的创业者，都在这一步"夭折"了。所以在踏出这一步之前，我们要把能想到的事情都想清楚，都计划好。在这一过程中，我们可能还会遇到很多意想不到的事情。进入市场，实际上就是进入"战场"，就像大卫用弹弓射中了巨人的眼睛一样，如果那一射没有成功，便就没有后来的大卫王了。

4 大案例，揭示成功品牌新创意

"国货之光"花西子

我们拿风头正劲的"国货之光"花西子举例。花西子的

目标用户群体是"Z 世代"（指出生于 1995—2009 年的人）
的年轻女性。在深挖用户喜好之后，国潮、国风审美、天然
健康、性价比等标签让花西子将营销主战场设在抖音、小红
书和微博 3 大社交平台。

首先，这些标签能够在这 3 个平台上带来巨大的流量。
其次，花西子选择的 DTC 推广路径是：在推广时着重依靠
KOL，他们的粉丝标签和花西子目标用户群的标签是一致
的。最后，花西子在对的地方找到了对的人，并和这些人建
立了联系，使其产品的销售量快速增长，销量与口碑都取得
了骄人的成绩。花西子的做法让传统品牌商觉得其没有"按
规则出牌"。也许当传统品牌商正在思考如何阻碍渠道商与
花西子合作时，花西子根本就没有去敲渠道商的大门。

"DTC 行业鼻祖"美元剃须俱乐部

我们再看 DTC 模式的发源地——美国的那些成功案例。
美元剃须俱乐部打出的第一个广告，也可以称作"DTC 行
业鼻祖式的广告"。这个广告没有采用以前广告拍摄的方式。
以前，人们拍摄广告时会使用华丽的背景，找到一些颜值很
高的演员进行拍摄，让人们去追逐使用产品时的那种幸福十
足的体验。而美元剃须俱乐部把拍摄背景设在一个仓库，创
始人迪宾自己当"模特"，广告中的其他"群众"也是由一

些普通员工真实出演，实景感非常强。这不会让看到广告的人感觉到出演广告片的人的颜值有多高，而会觉得为他们服务的人有多朴实、多实在。

整个广告没有华丽的辞藻，都是"模特"自己用幽默的语言讲述产品的故事，把产品的价值、公司的价值、用户的价值都表达得很清楚。这个几分钟的广告视频首先表达了其产品的物有所值。其次，这个广告直击竞争对手："××品牌那么贵，你愿意花那么多的钱买剃须刀吗？"最后表达服务很完善。"你不需要每个月记着买剃刀这个事儿了，"迪宾指着旁边的女员工说，"这个大美女每个月都会寄给你。"

这个短短几分钟的广告，把传统广告的一些元素非常朴素地、直接地表达出来。最后，这个广告还体现了企业的社会责任，迪宾用一个购物车推着一位员工并问她："你昨天在忙什么？"员工回答："昨天还在失业！""那今天呢？""今天我有了工作！"这段朴实的对话把企业的社会责任感表达了出来。很重要的是，这个广告片选择了短视频形式，这种形式给人们带来了高效的交流方式，迎合了互联网时代用户的需求，因此这个广告上线后受到热烈的好评，并被"病毒式"地传播。现在大家经常看到的抖音直播带货也是同样的道理。迪宾除了拍了这么一个"破坏式"的广告，还干了什么其他"不靠谱"的事情呢？他还找人开发了一个电商网站，用于直接卖货。

为什么说像美元剃须俱乐部这样进入市场的方式是"破坏式"地进入市场呢？

- 第一，它没有按常理出牌，去做一个"正经"的广告或者搞个新闻发布会等，迪宾只是在网上发布了一段短视频，你说这是广告还是一个段子呢？我们不能做出明确的界定。但这个短视频的传播速度非常快，很多人就喜欢这种"不装"的模式。

- 第二，其产品一上线，价格比竞品的价格便宜 2/3，别人卖 20 美元的东西，美元剃须俱乐部卖 6 美元；这样就把整个市场规则破坏掉了。这种"破坏式"地进入市场的方式，让那些传统的品牌商感到无所适从。

内衣 DTC 品牌三爱内衣

我们再看一下美国另一个内衣 DTC 品牌——三爱内衣是怎样"破坏式"地进入市场的。内衣品牌有一个规则，即内衣在购买后不能退换。你到内衣店购买内衣时，几乎每个店的售货员都会提醒你这条"行业规则"，而三爱内衣在进入市场时，就打破了这个规则，提出了"免费试穿"。

在所有的广告文案里，三爱内衣都会反复强调"免费试穿"这个概念："30 天无风险免费试穿。如果这不是你穿过的最舒服的内衣，就可以退给我们。""最舒服的内衣，30 天免费试穿。""招牌的半码罩杯，免费试穿。""免费"两个字在广告文案里显得又黑又粗，生怕被人遗漏了。"免费试穿"这一"破坏式"的举动，让传统的内衣品牌，如维多利亚的秘密，都无所适从。

眼镜 DTC 品牌沃比·帕克

最近在美国纳斯达克上市的 DTC 品牌——沃比·帕克眼镜，是怎么"破坏式"地进入市场的呢？以前，我们买眼镜和看牙医差不多，都必须到店里咨询，"试戴""试穿"是人们购买和人体感官相关产品的常规行为，也是购买这类产品过程中不可缺少的环节，还是眼镜店的一个规则。但用户到店去"试"是有时间成本的，这是用户的一个痛点。沃比·帕克在进入市场时推出了"在家试戴"，打破了必须到店里试戴的规则。沃比·帕克让用户在线提供自己喜欢的款式、颜色、面部宽度等信息，预先选择 5 个镜架，然后沃比·帕克会将 5 个镜架全都寄给用户。在这一过程中，"在家试戴"就成为沃比·帕克对传统眼镜行业的"破坏点"。

像创业家一样思考

1 思考一下，你看到过哪些产品和服务曾"破坏性"地进入市场。

2 总结一下你看到的"破坏式"地进入市场的几种方式。

3 假如你研发出一款天然助眠饮料，你准备如何"破坏式"地进入市场?

第 4 章

第四步，
第一次天使融资，找到
"富爸爸"

2021 年 9 月 5 日，我作为嘉宾参加了嘉御基金在上海中心大厦举办的 10 周年庆典。嘉御基金的创始人卫哲先生曾在百安居（中国）做过 CEO，后来又在阿里巴巴集团当过副总裁，是实体商业和互联网电商的"两栖"商业精英。在演讲中，他分享了一个很有趣的投资观点，在消费品这个领域，投资人很喜欢投资针对 25 岁女性研发的产品。卫哲说他们一直关注 25 岁女性的消费习惯。他们的投资逻辑是17～18 岁的女孩子会仰视 25 岁的姐姐怎么消费，希望自己变得更成熟一些；30～40 岁的女性希望自己永葆青春，会回头观察 25 岁的妹妹，学习她们的消费习惯。通常 25 岁的女性刚离开大学几年，有了自己的收入，开始交男朋友，逐渐结婚生子。这部分人的消费不仅会向男性溢出，在生了孩子后还会向孩子溢出，而且会影响上一代人的消费观念。因此，如果能吸引 25 岁女性这一用户群体，自然就能吸引其他年龄段的人群。

从卫哲的这段演讲中，我们能了解嘉御基金作为投资人重点关注的消费群体。

对于 DTC 品牌的创业者来说，第一次融资是最难的一步。在这最难的一步中，创业者首先要做的就是和理想的投资人"搭讪"，并令他们对自己的项目产生兴趣。这让所有创业者感到极具挑战性。记得在一次会议上，曾经担任京东战略副总裁的邓天卓说：你为什么融不到资呢？因为你见的投资人太少。邓天卓的这句话让我感受颇深。每天打开手机后，我们都会看到很多公司融资成功的消息，但当自己需要融资的时候，才发现自己认识的投资人并不多。那么怎样去找投资人呢？一般来讲，找投资人的路径有以下几个。

3 条路径，找到理想的投资人

第一个路径是多参加与投资相关的社交活动。现在，互联网领域的大企业每年都会和相关部门举办一些和投资相关的培训，除了一些以营利为目的培训外，大部分和创业相关的活动都能创造你和投资人偶遇的机会。自 2017 年 DTC 这一概念传入中国后，特别是在 2020 年，形成了一个 DTC 投资的风口。北京、上海、广州几乎每天都在举办各种围绕DTC 商业模式投资的会议、培训。在这些活动中，投资人会进行演讲，实际上，投资人也想在这种场合找到更多合适的项目。以这种方式结识投资人，能够让创业者有机会把商业计划书发给投资人。投资人一般会让你先把商业计划书发给他，但因为他们的时间十分宝贵，每天都要看很多商业计划书，所以你的商业计划书需要非常亮眼，否则他们就不会再联系你了。这些社交活动会加深你对投资人的了解，也会加深投资人对你的印象，还会使你在与投资人交流时变得更加从容。

第二个路径就是找融资顾问类的咨询公司，英文为Financial Advisor，以下简称 FA 公司。FA 公司的主要服务内容就是帮助创业企业拿到融资。对于第一次创业的创业者来说，如果没有很多的社会资源，与 FA 公司合作是一个很好的办法。FA 公司很专业，有很广泛的投资人网络，熟知每个基金投资人的"喜好"。FA 公司也会从专业的角度指导创业者写商业计划书，协助创业者与投资人交流。如果融资成功了，FA 公司会根据融资的额度收取一定比例的服务费。现在，市场上有很多 FA 公司，与 FA 公司合作也是大多数创业公司寻求融资的有效路径。

第三个路径，也是成功概率最高的融资方式，即找行业的专家推荐。因为投资基金也会请这些专家帮忙分析项目，专家会从更专业的角度对你的产品和模式进行衡量，如果专家很认同你的产品和模式，就会把你的项目推荐给他认为适合的基金。有了专家的背书，融资成功的概率就会很大。

3 个要素，打动你的理想投资人

讲一个好故事

作为一名创业者，无论你采用上面的哪一种方式，都需要学会基于你的商业模式和产品，讲一个吸引人的故事。无论是乔布斯还是马斯克，他们讲的故事都比他们的产品更动人。讲故事不是"忽悠"，而是把你相信的事情讲给别人听后，别人也能相信；通过你讲的故事，别人可以更加了解并信任你。创业者讲的故事一般包括以下 4 个方面的内容。

- 第一是你曾经的成功，无论是在高中或大学体育比赛上获得的冠军，还是在职场上受到老板的嘉奖，抑或是曾经"小试牛刀"的创业，这些曾经的成功都会告诉投资人你是个积极进取的人，是个勇于尝试新事物的人。

- 第二是你怎样"灵光乍现"或通过推理演练发现了"产品 +DTC 模式"的市场空间。你的产品"尖"到什么程度？为什么你的产品可以用 DTC 商业模式打败传统品牌商的产品？这些会让投资人感受到你的运气、灵气和勇气。

- 第三是你如何通过"破坏式"地进入市场收获成功，并增强了信心；DTC 商业模式发挥了什么样的作用。这一点说明你已经初步验证了你的产品，并说明你是个"行动派"，而不是靠概念"忽悠"投资人的。

- 第四是展现你的"野心"，即你想做成多大的生意。这一点和产品的目标用户群体的规模有很大的关系。在 DTC 商业模式下，我们可以很容易地估算出用户的市场规模。投资人一般可以从你的故事中做出两点判断：一是你做的事靠不靠谱；二是你这个人靠不靠谱。所以在去见投资人之前，你一定要围绕 DTC 商业模式做好准备，最好先了解投资基金和投资人的背景，这样你就能针对不同的投资人准备不同的故事脚本。

做"足够尖"的商业计划书

寻找天使投资的阶段，一般被我们称为"验证概念阶段"。一份好的商业计划书对天使轮融资非常重要，因为在这个阶段，创业者除了拥有一份商业计划书，别的几乎什么都没有。那么怎么才能写出一份好的商业计划书呢？如果在网上搜索"商业计划书"这一关键词，你会看到很多商业计划书模板，它们几乎千篇一律，其逻辑都是对的，都包括市场、机遇、产品、模式、优势、增长范式 6 个部分的内容。DTC 商业模式很容易被完整呈现在商业计划书中，但最关键的任务是，在这 6 个部分中充分凸显出 DTC 商业模式的独特优势。很多创业者往往把概念描述得比较虚、比较大，但投资人很少能被"忽悠"，他们见多识广，如果你的前两页商业计划书不能引起他们的兴趣，那么基本上就会被淘汰了。所以无论是以幻灯片还是视频的方式呈现商业计划书，你的表达都要更加直接，让投资人能很快抓住你的价值点，而且价值点不需要太多，只要有一个"足够尖"就可以让你的商业计划书脱颖而出。

很多创业者害怕投资人看不懂自己的商业计划书，因此往往将商业计划书写得很详细，很有逻辑。实际上，在天使轮融资的这一阶段，你不可能把未来很多的创业细节都想得很明白，看得很清楚。投资人也一样。DTC 品牌的商业计划书要呈现以下 3 个突出的亮点。

- 第一个亮点是 DTC 品牌的市场空间足够大，能和人的数量、家庭数量、购买频次等变量相关联。例如，假设"Z 世代"的总人口有 3.2 亿，男性有 1.6 亿，平均每年买 5 次花送给女朋友（包括情人节、圣诞节、纪念日、妇女节、元旦节等），就会产生 8 亿次交易。

如果平均每次的交易金额是 100 元，就有 800 亿元的市场空间。如果你专门为"Z 世代"开发一款由 DTC 商业模式运营的鲜花产品，且能占领 10% 的市场份额，就会拥有 80 亿元的销售市场规模。完美日记就是以口红主打"Z 世代"女孩化妆品市场，其母公司逸仙电商于 2020 年的营业额为 52.3 亿元。化妆品市场远远大于男孩的鲜花市场，所以完美日记的发展空间还很大。完美日记的市值一度高达 500 亿元。

- 第二个亮点就是产品的高性价比。DTC 品牌去掉了中间商，减少了中间的交易成本，再减去传统的广告营销成本，所以其销售成本一定比传统品牌的成本低。但在起步阶段，品牌需要吸引线上的流量，DTC 品牌在这段时间的营销成本可能比传统品牌的营销成本还要高。这就是 DTC 品牌在起步阶段就需要融资的原因。

- 第三个亮点就是建立了用户和产品的直接关联。这一点是 DTC 商业模式和传统渠道模式的本质区别。你可以把第三步"破坏式"地进入市场取得的数据做一个呈现：在多长时间内获得了多少用户，复购率是多少，等等。用这些数字证明你选择的市场及你们的产品具有指数型增长的潜力，这是投资人最看重的一点。同时，你要向投资人展现：这种直接的关联沉淀了很多用户的信息；基于这些信息，你的智能数据分析能力可以得到发挥，从而使品牌更好地了解用户，快速地迭代产品。

所以在写 DTC 商业模式的商业计划书时，在固定的市场、机遇、产品、模式、优势、增长范式中，我们要把上面的 DTC 商业模式的 3 个亮点融合到商业计划书的每一个部分中。如果没有 DTC 商业模式的这些亮点，即便你有创新性产品，投资人对你的估值可能也会降低。在过去几年的"国潮品牌"大潮中，涌现出很多品牌，但很多品牌都没有采用 DTC 商业模式，甚至很多品牌把直营门店和电商模式与 DTC 商业模式混为一谈，用大量资金去建渠道、买流量，快速博取眼球，成为"爆品"，但其品牌后劲不足，充其量也就是传统模式中的新品，并没有商业模式上的创新。更确切地说，这些品牌并没有像 DTC 商业模式那样改变产品和用户的关系，因此现在"国潮品牌"开始"落潮"了。

做好场景式的沟通

有了好的故事脚本和商业计划书后，我们还需要设计一个好的场景以便与投资人谈判。好的场景可以让投资人快速理解和沉浸到你的故事中。1985 年，被誉为美国硅谷英雄式人物的乔布斯被他自己创建的苹果公司董事会"赶"了出来。在悲伤之余，乔布斯创建了一家新公司 NeXT。他设计的新公司第一次和投资人开会的场景几乎成了后来创业者第一次融资会议的模板。乔布斯不仅会讲故事，而且很会策划场景。他把新公司第一次和投资人的融资会议选择在一个废弃的仓库里，并在仓库中间架起了幕布、投影仪，布置了长条会议桌。乔布斯邀请投资人在这样一个颇有创业感的场景里和新公司董事会成员共进午餐。乔布斯满怀激情地告诉投资人，他们正在建造全世界最先进的机器人装配流水线；NeXT 将成为硅谷一家年收入达到 10 亿美元的公司。投资人被这种沉浸式的场景和乔布斯激情四射的演讲所打动，于是投资了 2 000 万美元。因为当时还没有苹果手机，那一刻的乔布斯还不是人们心中的英雄，2 000 万美元对他来说是一笔巨款。

所以我们看到，一个好的故事脚本、一份好的商业计划书和场景式的沟通，是成功融资的 3 个关键要素。这都需要我们用心去准备。

两个成功范例，揭示 DTC 带来的融资优势

美元剃须俱乐部创始人迪宾寻找投资人和融资的历程值得我们中国 DTC 品牌创业者借鉴。前面我们介绍过，在"破坏式"地进入市场这个阶段，美元剃须俱乐部的创始人迪宾

自己拍了一段搞笑的产品推广视频，并在网上"爆红"了。虽然拍摄这段视频花费不多，但当时公司也快没钱了，他们亟需融资。于是，迪宾通过朋友牵线和一家风险投资基金的投资人见面。这个投资人的名字叫琼斯，琼斯也是一个成功的企业家。琼斯第一次接到迪宾的电话时，对美元剃须俱乐部的项目不是特别感兴趣。他觉得剃须刀是一项很难做的生意，并且市场上已经有吉列这样独霸市场的巨头品牌。美元剃须俱乐部的产品除了刀头比吉列的便宜、订购模式听起来非常有趣外，其产品没有其他亮点，而且当时美元剃须俱乐部的网站看起来也很不专业。琼斯完全是基于一个投资人的理性思维定式做出了判断。

琼斯首先关注的是产品在市场上的竞争力，产品是处于"蓝海"竞争市场，还是处于"红海"竞争市场；其次关注的是创业者的历史，是否获得成功；最后关注融资项目有没有亮点。基于上述 3 点判断，琼斯基本决定不投资这个项目。如果迪宾不向琼斯展示那一段视频，这个世界上可能就不会有美元剃须俱乐部的故事了。就在琼斯打算说"谢谢，还是算了吧"的时候，迪宾说他刚拍了一段很短的广告视频，想让琼斯看一下再做决定。琼斯回忆说："我瞬间就被这个视频牢牢吸引了，这玩意儿能够在视频网站上引起轰动，真正连接用户。"最后琼斯告诉迪宾："我懂了。这真是太妙了。"没过多久，琼斯的基金就向美元剃须俱乐部投资了 10 万美元。

从这段很直接、很搞笑的视频中，投资人琼斯嗅到了什么呢？他嗅到了"真正连接用户"的能力，这一点也是 DTC 商业模式的关键价值点。这段视频让琼斯觉得美元剃须俱乐部做的是真正的 DTC 品牌。所以最后让琼斯下决心投资给美元剃须俱乐部的，不是廉价的剃须刀，而是其 DTC 商业模式。这种模式充分利用了当代的互联网和数字化技术，或者说随着未来技术的发展，DTC 商业模式还会有更大的发展空间。美元剃须俱乐部后来的投资人，也几乎都是从那个搞笑视频中看到了它具有和用户建立连接的能力，也看到了未来零售模式即将发生的改变；而传统品牌商一时很难打破几十年甚至上百年打造的渠道式销售模式。这给了 DTC 商业模式快速成长的机会。

迪宾所经历的逆袭，是"歪打正着"的成功，而沃比·帕克眼镜的创始人——沃顿商学院的工商管理硕士（MBA）的融资故事和美元剃须俱乐部的故事有很多相似之处。沃比·帕克眼镜的风险投资人叫本·勒勒（Ben Lerer），这位投资人也是被沃比·帕克眼镜的 DTC 商业模式打动的。他本来认为眼镜是一个混乱的行业，渠道不透明，渠道成本极高。沃比·帕克眼镜向本·勒勒证明了，你不需要围绕自己销售的产品进行创新，只要进行销售方式的创新就能获得成功。品牌可以利用传统供应链，直接将产品销售给用户，这样就可以将在批发渠道中省下的钱让渡给用户。所以投资人看中的不是沃比·帕克眼镜的价值，而是其新的 DTC 销售模式——直接向用户销售。"连接"是互联网时代最具有创造性价值的一个词语。

融资是一个很辛苦、很考验创业者耐力和意志力的过程。如果想要获得融资，你可能要见几十甚至上百位投资人，有时一上午要把一份商业计划书讲 3～5 遍。迪宾也是在见了 70 多位投资人后才融到了 95 万美元。好在现在中国的投资人已经逐渐认同 DTC 商业模式，也出现了一批热衷于 DTC 商业模式的基金和投资人。对一个创业者来说，"信心比黄金更重要""只有相信才能遇见"等信念还是要有的。

成功融资就像一个婴儿的诞生，是一个企业生命的开始。

像创业家一样思考

1　约见一位做投资的朋友，跟他讲一下 DTC 商业模式，并写一份报告。

2　写一份模拟产品的 DTC 商业计划书。

CREATE A DTC
BRAND AND WIN BIG

第 5 章

第五步，
利用核心竞争优势，
找到靠谱的供应商

2020 年是中国社区团购最火的一年。在每年一次的国际零售商大会上，我遇到了一位做社区团购的副总裁，他所在的公司也融资了几十亿元。开会的时候，他一直忙着在手机上处理事情。在这种大会上，如果事情不紧急，嘉宾一般不会这样"失礼"的。会议结束后，我正好和他同路去他们公司所在的城市。他和我聊起白天的"失礼"，说他公司采购的一批货出了问题，原因就是供应商"不靠谱"。在社区团购这种模式下，用户都是看图片预订商品，或者说是"看图付钱"的。供应商发来的样品很好，社区团购的营销人员也是按样品图片在线上上架的，但是供应商发来的货物品相和质量都不如样品，可是这个供应商认为品相差一点儿也没关系，用户能吃就行。图片和实物不一致，会引来用户投诉和退货。我身边的这位副总裁就一直在会上处理这个"事故"。

两大渠道，找到靠谱的供应商

如今，外包、代工生产（OEM）、贴牌等词语对我们来说已经不再陌生，但从上述的这家做社区团购的公司遭遇的"事故"中，我们可以看到，找到一个"靠谱"的供应商并不是一件容易的事。DTC 商业模式把产品和用户直接连接起来，所以供应商在整个链条上起到了更加重要的作用。有些 DTC 品牌在产品设计阶段就开始接触供应商了，这是非常好的做法。

- 第一，供应商往往比创业者更加熟悉产品，更清楚降低产品成本的方法，更了解竞争对手，在创业者设计产品的过程中会提供很多的帮助。

- 第二，和一个"靠谱"的供应商合作，也会提高投资人对创业者的信心。有的供应商的品牌比较成熟，在创业公司快速拓展市场阶段，能够保证产品的生产和供应。

- 第三，"靠谱"的供应商提供的产品的品质和一致性，能够帮助 DTC 品牌巩固和用户的关系。所以，找到一个"靠谱"的供应商对于 DTC 品牌是非常重要的。

成功找到"靠谱"的供应商的渠道有以下两个。

- 第一个渠道就是求助业内的专家，因为这些专家对行业比较熟悉，也认识很多供应商，更重要的是他们能帮助你甄别哪些供应商是"靠谱"的，哪些供应商的技术是领先的，哪些供应商的产品成本是较低的。这样，你就会少走很多的弯路。同时，有了专家的引荐后，供应商也会很重视、相信你。在本书中，获得专家引荐的成功 DTC 品牌的例子有很多。

- 第二个渠道就是搜索各类网站的有用信息。现在很多网站都能提供海量的、详细的供应商信息。在网上，你查询到的信息往往会超出你的预期。有了这些第三方平台，我们就能更为容易地找到一家能生产产品的供应商了。但找到一家合适的供应商仍旧是一件很困难的事情，因为网络上的信息还不足以让我们判断供应商的真实能力。

在前面几章中，我们多次提到了美元剃须俱乐部的案例，其在融资成功后，也开始寻找更好的供应商。其创始人迪宾通过朋友联系了两家供应商，一是日本剃须刀公司——贝印（Kai），二是韩国公司——多乐可。多乐可在美国有家分公司，其办公地点离美元剃须俱乐部的办公地点很近。于是，迪宾立即赶往多乐可公司，见了他们美国业务总裁肯·希尔（Ken Hill）。希尔对迪宾极其慷慨激昂的宣讲没有什么反应，希尔后来回忆道："他穿着白裤子和休闲鞋就来见我了，很随意，看上去就像刚起床一样。我干这一行很多年了，我没看出来美元剃须俱乐部提供的这种订购方式有什么优势。"不过，后来他说："好吧，迪宾，祝你好运。我们会卖给你刀头，你想买多少我就卖多少，只要你预先付清全款。"

从上面这段描述中，我们看到美元剃须俱乐部在寻找供应商的过程中还是比较幸运的。其创始人通过一个朋友牵线搭桥，就找到了中意的供应商，这种寻找供应商的方式也就是我们上面讲的第一个渠道，而且这个供应商也很大度，在没有完全听懂美元剃须俱乐部订购模式的时候就为其供货，但是这个供应商的条件是预先付清全款。这也是为什么我把"找到一个富爸爸"这一融资环节放在寻找供应商之前，因为一般来讲这些供应商都是我们定义的传统企业，它们不像创业者一样对 DTC 商业模式那么有信心，但是它们认钱，只要你给钱，它们就可以给你供货。

我们再来看另一个在美国风靡一时的隐形眼镜的 DTC 品牌——哈勃眼镜寻找供应商的过程。其创始人本·科根（Ben Cogan）认为，有一家好的供应商是其他品牌难以比拟的竞争优势。但是不同于鞋子、内衣或者牙刷等消费品，可供选择的隐形眼镜制造商并不多。同时，因为隐形眼镜是医疗产品，在美国销售隐形眼镜需要经过美国食品药品监督管理局的批准。于是科根和他的合作伙伴开始查询美国食品药品监督管理局的官网，梳理出几十家获批的隐形眼镜制造商。这几十家制造商都有可能成为哈勃眼镜的供应商。因为不清楚哪家制造商有兴趣供货，科根很快地给它们都发了电子邮件，但毫无回应。后来科根找到一位业内知名的咨询顾问——布雷特·安德烈（Bret Andre）先生，这位先生专门指导那些想在美国销售隐形眼镜的外国企业拿到美国食品药品监督管理局的批文。除此之外，一位风险投资人帮科根介绍了博士伦前首席医学官布赖恩·利维（Brian Levy）。有了这两位专家给他们"站台"，科根在第二次发给供应商的邮件中提到利维与安德烈这两个专家的名字后，马上就得到了不少回应。拿到供应商清单后，科根就根据一些标准进行挑选。第一条标准是镜片的品质和舒适度。为了测试，科根向供应商要了免费试用品，自己试戴或者找朋友帮忙试戴。第二条标准是批发价格，价格要足够低，并使零售价格定在现有品牌的一半后还有利润空间。第三条标准是供应商拥有足够强大的生产能力。科根解释说："如果我们的销售市场能迅速扩大，那么产品的规模是非常重要的。"最终他们找到了一家中国台湾的靠谱供应商——精华光学。

但是全球供应链网络也意味着一种复杂性。对于哈勃眼镜的创始人来说，成功的关键是进行缜密的行业调研和找到专家协助。这也是我们讲到的寻找供应商的第一个渠道。

我公司原来的一位员工现在也加入了 DTC 品牌创业的赛道，她想做一款功能性饮料。在交流了几次之后，她就拿来了样品给我，我很诧异并问她从哪里找到的供应商。她说从网上找的。大家可能很了解万能的淘宝商城，但很多人不知道阿里巴巴旗下还有一个"让世界上没有难做的生意"的1688 商城，1688 商城本来是个批发网站，现在也成了一个代加工、贴牌加工的资源网。我尝试以"袜子贴牌加工"为关键词进行搜索，竟然搜索出 50 页近 6 000 条加工厂的信息。今天的互联网把世界的每个角落都连在了一起，海量的信息、即时的交流互动，已经让现在的人们很难理解"酒香不怕巷子深"的意境。

软硬兼施，选择供应商的 6 大标准

一个供应商是否能成为 DTC 品牌的合作伙伴，首先要看看供应商与 DTC 品牌是否"神似"。因为 DTC 商业模式打造的是一个品牌，而不是简单的产品，所以 DTC 品牌的产品一定要能够体现出品牌价值。在新消费、新品牌的数字化时代，所有产品的研发、生产、销售过程都是以用户为中心的，所以与我们合作的供应商也必须认同以用户为中心这一理念。我们在选择供应商时，首先要看其经营理念是"产品履约"式的还是"以用户为中心"的，这是 DTC 商业模

式和其他模式对供应商要求的不同点，其他模式的品牌商是不与用户建立连接的，或者说用户的消费体验是在渠道端完成的。DTC 商业模式特别强调用户体验，体验比产品更重要，所以作为 DTC 品牌的供应商，对用户要做到从"sell"（销售产品）到"fulfill"（满足需求）的思维转变。其次，我们要考察供应商是否具备可持续发展的价值观。可持续发展是这些年衡量一个企业的要素。基于可持续发展的定义，企业的产品既能满足当代人的需求，又不对后代人满足其需求的能力构成危害。它们是一个密不可分的系统，既要达到发展经济的目的，又要保护好人类赖以生存的大气、淡水、海洋、土地和森林等自然资源和环境，使子孙后代能够永续发展和安居乐业。环境保护是可持续发展的重要方面，最近在美国纳斯达克上市的 DTC 品牌——Allbirds 在成立之初，就打造出可持续发展的产品，其生产的鞋都是用羊毛制造的，这种材质在自然环境中是可降解的，非常环保。最后，我们要考核供应商的眼界和格局，以及供应商的企业生产流程和产品遵从的标准。一个供应商的眼界和格局，对 DTC 品牌的产品价值也是非常重要的，特别是对于准备开拓国外市场的 DTC 品牌而言尤为重要。

上述是对供应商考核"神似"的 3 个方面的讲述，我们还要考察供应商"形似"的 3 大能力。第一，供应商的专业性和研发能力。DTC 品牌的成长过程，是一个不断创新和迭代的过程，需要根据用户的反馈，不断创新和迭代产品。供应商的研发能力，往往也是对 DTC 品牌创业者最好的支持。第二，供应商的生产能力。电商产品的线上销售量可能会在某一个节点呈现指数级的增长。因此，供应商的生产能力决定了在 DTC 品牌快速增长时按时供货的能力。DTC 品牌可以和供应商做一个未来市场增长和供货需求的预测，来测试供应商的生产能力是否能够达到要求。第三，质量控制的能力。美国的 DTC 品牌——三爱内衣的初始供应商所提供产品的质量有很多问题，从而引发了用户的大量退货。三爱内衣很好的创意和商业模式差点儿因此"夭折"了，好在其及时更换了供应商，才使事态有了转变。这 3 大能力不能够用数字来计量，而更依赖人、技术和管理流程。当我们和供应商交流时，供应商们往往都会说他们拥有这 3 大能力，我们在考核供应商时要和他们具体负责的人交流，考察其管理流程和管理系统。

"先小人，后君子"，建立可持续的合作关系

DTC 商业模式迅速发展的原因是互联网丰富、即时的信息资源让我们能快速地组织供应链。供应链优势就是企业的竞争优势。很多 DTC 品牌的成功部分得益于全球供应商能力的提升。自 20 世纪 80 年代开始的全球化浪潮，培育了

一个成熟、发达的全球供应链网络，比如亚洲工厂已成为全球工业化生产基地。一方面，资本的持续投资导致了产能过剩；另一方面，生产自动化水平的提高和生产管理能力的提升，使柔性生产成为可能。二者共同作用，让亚洲工厂从规模化生产模式逐渐进阶到"生产＋设计＋服务"的模式，这为 DTC 品牌的发展提供了必要条件和推动力。

确定了供应商后，我们就要进入商务合同谈判阶段，要第一时间聘请律师参与，这一点往往会被创业者忽视。中国有句古话："先小人，后君子。"这句古话很有道理，那时还没有法律的概念，但人们用社会共识的准则作为合作的规则。创业企业经常犯的错误是"先君子，后小人"，双方谈判气氛融洽，愉快地签订合约，但合约条款模糊，没有规避风险；在执行合同的过程中，双方在遇到一些问题时却无章可循，相互责备，甚至对簿公堂。激烈的市场竞争、多重价值观并存、技术飞速发展、自然环境变化等因素都给创业者带来很大的不确定性。所以在和供应商谈判的过程中，第一时间请律师参与是非常必要的。我们在谈判过程中要特别注意以下 4 点。

- 第一，信息保密。一般来讲，双方在第一次接触后，如果想要更进一步地沟通、交流有关产品的详细信息，则要先签署保密协议。供应商是生产产品的资源方，它们会接触很多 DTC 品牌的创业者，如果它们有意或无意地将我们的产品信息泄露给第三方，就有可能造成产品被第三方抄袭，成为我们的竞争对手。如果第三方抢先注册商标和专利，我们将面临更大的麻烦。

● 第二，知识产权保护。在谈判过程中，DTC 品牌要特别关注这一点。有些供应商在看懂 DTC 商业模式后，会开始模仿着开发自己的品牌。所以在协议中，双方一定要针对知识产权保护做一定的约束。

● 第三，产品的质量标准。如果不将标准写清楚的话，这一点往往是容易让供应商"钻空子"的地方，也是双方在未来合作中比较容易产生纠纷的地方。如果业务范围只在中国，双方可以参照国家标准和行业标准来定义产品的标准，一旦双方在产品质量上发生纠纷，国家有关的行政管理部门会根据国家已有的标准进行裁决。如果没有国家标准，双方一定要把产品的质量标准写清楚，形成书面文字，并作为协议的附件。针对之前网上热烈讨论的加拿大鹅因为不公平的退货条款被处罚事件，上海市黄浦区市场监督管理局在给出的处罚决定书中，引用了很多中国和国际的羽绒制品的标准。

● 第四，连带责任。因供应商违法经营和经营不善给

DTC 品牌商造成的连带损失的赔偿方式也要在合约中写清楚。有些小供应商因为生产不合规或违反国家法律法规而不能持续经营下去的情况在中国时有发生。在过去两年美妆"国潮"盛行之时，国家药品监督管理局在 2021 年 5 月出台一系列新规，这使得一批不合规的小型药妆生产企业退场。这种情况会对 DTC 品牌造成影响或使其蒙受损失。所以在合约中，双方应该明确发生这种情况时的赔偿条款。

"先小人，后君子"的后半部分，实际上才能体现出我们与供应商"君子"合作的价值。以前，企业之间的合同通常就包括一个供货合同，甲乙双方的关系相对简单。DTC 品牌和供应商的关系是合作关系，无论采用 OEM 的模式还是贴牌模式，很多创业品牌实际上都缺乏对合作伙伴的约束能力。我们可以从以下两个方面着手去和合作伙伴建立良好的关系。

- 第一，利益的一致性。DTC 品牌也必须理解供应商的商业模式，了解它们是如何盈利的。只有让供应商在合作中赚到钱，甚至赚到"大钱"，这种合作模式才有可能持续下去。DTC 品牌的成功，不只是自身的成功，而是整个供应链的成功。新茶饮品牌——奈雪的茶在 2021 年 3 月推出了玉油柑系列产品，受到了年轻用户的追捧，一时间成为"爆款"。奈雪的茶能在短时间内将冷门的油柑"引爆"全国，得益于其稳定的供应链和产品力。因"霸气玉油柑"产品所用的油柑为潮汕地区的品种，当地的供应商由此获得了可观的收益，这使得本来不被大多数人认识的油柑，一时成为大众消费的"新宠"。油柑的市场价格也提高了，油柑种植户和油柑的经销商在奈雪的茶的"玉油柑"系列产品的带动下都获益了。油柑产地的一些外出务工者也纷纷回到家乡种植油柑。奈雪的茶之所以能在激烈的竞争中生存下来并成为中国新茶饮品牌的翘楚，这与其重视对供应链的管理是分不开的。奈雪的茶通过选用优质原料、严把食材品质，并将压力反向传导至供应链上游供应商，从源头保持产品的独特性和稳定性，从而提升了整个行业产品的品质。

- 第二，增强协作意识。在合同或协议上，DTC 品牌和供应商的关系是甲方和乙方的关系。有些甲方会有意或无意地将自己放在合作的主导地位，有时"盛气凌人"，有时拖欠货款，这样的情况时有发生。多年前，我和一个供应商的销售经理交流，其公司当时正在给北京一家很大的连锁超市供货，这位经理对零售商的欺霸行为进行了一顿控诉，但最后他说了一句"买的没有卖的精"。如果甲乙双方都只从自己的利益出发，

那么，双方合作的利益都不可能达到预期。在成长过
程中，想要不断地迭代创新，DTC 品牌需要供应商的
配合和支持。

像创业家一样思考

1　在 1688 商城上搜索满足你需求的供应
商，试着选择其中的 3 家进行沟通。

2　列出你选择供应商的 3 个关键影响
因素。

3　试着拟订一份和供应商的合约。

第 6 章

第六步，
全渠道触达，"爆炸式"
地拓展市场

2022 年 8 月，中国连锁经营协会发布了《2021 中国餐饮加盟行业白皮书》，蜜雪冰城首次登上了 "2021 中国餐饮加盟榜 Top100" 榜单的榜首。在过去的几年中，新茶饮行业是最令人惊奇的不断闪现爆品的赛道。有的爆品像白日的烟花，只见一团青烟，就消失了，有的爆品能爆破出一片新的天地，蜜雪冰城就是其中之一，在短短的几年里，它的门店开了超过万家。除了蜜雪冰城之外，有此盛况的品牌还有 2021 年成功在中国香港上市的被誉为 "大陆新茶饮第一股" 的奈雪的茶，以及来自蜀国大地的茶百道、书亦烧仙草，诞生于上海的沪上阿姨等。这些新的茶饮品牌的门店数量几乎都在短短几年时间内拓展超过千家，销售额超过百亿元人民币。也正是这种爆发式的增长势头，吸引了很多投资商提供助推力，令这些新品牌在激烈的竞争格局中脱颖而出。

3 项指标，衡量 DTC 品牌拓展的水平

市场拓展呈现出"爆炸式"的增长，是 DTC 商业模式成功的关键一步。销售额、增长率、复购率是衡量 DTC 品牌市场拓展情况的 3 个重要指标。DTC 商业模式并不复杂，利润链条也很清晰，保证这 3 个指标快速增长的关键点就是能否和用户建立直接的连接，这也是 DTC 品牌和传统品牌"决战"的杀手锏。DTC 商业模式通过和用户建立直接的连接，既能降低中间层的成本，还能很好地向用户传达产品或服务的完美体验，让用户直接感受到品牌的价值，从而产生对品牌的信任，而这种用户的信任是以往传统品牌在渠道模式下无法形成的。在 Allbirds 的财务报表中，有一个数据是复购率。复购率是大多消费品牌无法统计的，Allbirds 的财务报表显示，其 53% 的销售额来自回头客。

3 大维度，全渠道触达和连接用户

DTC 品牌的市场拓展有以下 3 个关键的维度。

- 第一，触达用户。
- 第二，和用户建立连接。
- 第三，通过运营让用户建立对品牌的信任，形成复购。

2012 年，我在美国参加 IBM 的全球合作伙伴大会时，
当时 IBM 的总裁在大会的开场演讲中就提到：以个人计算
机（PC）为代表的 IT 时代已经结束，新的 IT 时代已经开始；
在新的 IT 时代，有 3 项具有代表性的技术：第一是云计算，
第二是全渠道，第三是大数据。这里讲的全渠道就是触达和
连接用户的技术。有了全渠道的技术，品牌商才能在 DTC
商业模式的商品流通过程中去掉和用户之间的渠道，直接和
用户建立连接，这也是 DTC 商业模式的本质。所以 DTC 品
牌拓展市场的第一个策略就是利用全渠道的技术和用户建立
直接的连接。

线上渠道，三位一体

中国 DTC 品牌的全渠道分为线上和线下两个部分，线上
部分可以归结为 3 类渠道的集合：自建渠道（private channel）+
电商平台（e-business platform）+ 专业网站（professional web）。
线下部分主要是指自营门店。

第一类线上渠道就是自建渠道，也称为"独立站"，可
以是自己的网站、手机 App、小程序、公众号、抖音、视频
号、企业微信等。这些渠道都是品牌和用户建立连接的很好
的方式，而且成本很低。我特别推荐微信小程序，因为我们

可以把它看作建立私域流量的低成本工具。腾讯旗下的微信朋友圈、企业微信、公众号、视频号、微信钱包自成体系，完全可以形成一个包括引流、交易、营销、会员管理的闭环。这样也可以建立企业自己的私域流量池。"私域流量"是当今数字化的一个热词。在由腾讯营销部门和美国消费者行业咨询公司——波士顿咨询公司（BCG）联合发布的《2021中国私域营销白皮书》中，对企业的私域流量是这样定义的：品牌自有的、可开展个性化运营的用户资产。该白皮书从以下 4 个维度对品牌的私域流量做了进一步解读。

- 起点：品牌可主动地、反复触达并唤醒用户。
- 途径：影响力可由用户进一步扩散。
- 方法：能够掌握用户数据，精准分析用户行为。
- 目标：结合运营手段，应用用户数据，实现精细化营销。

自建渠道要从公域或线下吸引流量，与下面要讲的另外两类线上渠道有直接的关联。因此，这对团队运营能力的要求就会很高，就像美元剃须俱乐部一样需要具备极强的市场拓展能力。

第二类线上渠道就是加入大的电商平台，如淘宝、京东、小红书、拼多多、美团、饿了么等。这一渠道主要借用电商平台的流量来快速提升品牌知名度。做 DTC 品牌的经营者要头脑清楚，在这类平台上开商店要的不是利润，而是品牌传播，要先让用户认同你的品牌，然后再用运营手段吸引用户到你的自建渠道中去。

近几年，中国出现了"国潮品牌热"，很多品牌在短短几年内就很火爆。有些品牌很新潮，且数字化营销也做得很好；它们在各大电商平台开设旗舰店，其营销费用在总销售成本中的占比比传统品牌还高。这种在电商平台开设旗舰店的模式，完成了品牌触达用户的动作，但并没有和用户建立真正的连接。其市场份额的增长更多地依靠"烧钱"实现市场推广，所以这类品牌要不断地找"富爸爸"融资，其发展模式可以被称为"品牌 + 互联网"模式，这种模式的优点就是实现品牌市场份额的快速增长。业界也有很多人对这种靠"烧钱"实现快速增长的模式产生质疑，但是任何一个创业公司的产品和商业模式都在不断地变化和迭代。如果把"品牌 + 互联网"模式作为 DTC 商业模式中连接用户的方法，那么这种品牌宣传对占领用户的心智、对下一步和用户建立真正的连接会有很大的帮助，或者说会减少和用户后续建立连接的成本。

线上的第三类渠道就是在专业的社交网站或平台上做宣传，也就是大家常说的"种草"。"种草"是 DTC 商业模式一个重要的营销构成，也是 DTC 商业模式与传统营销模式的不同点之一。DTC 品牌的产品大部分都是垂直产品，功能性突出，比较小众，所以利用专业的社交媒体、微博、朋友圈、抖音、KOL 的传播方式，往往会更有效。社交媒体广告是可以改变游戏规则的。Facebook 快速定位潜在受众的能力以及快速触达目标用户群体的能力，可以为 DTC 创业公司实现增长做出重要贡献。你可以做无限次测试，找出能奏效的形象、图片和文字，然后把它们结合起来，找到最佳的组合营销模式。如果你发布的广告是一段视频，那么你就能知道点击量、观看时长、有多少人看完了该视频及其转换率。

目前我们看到的 DTC 成功案例基本上都是利用了上面 3 类渠道的传播方式，而且都获得了成功。多渠道的传播和触达，是数字化营销必须去做的。全渠道是保障 DTC 商业模式成功的重要战略。在我周围有些做 DTC 失败的企业，往往都是在全渠道的布局上只做了 1 类或 2 类渠道。上面讲的这 3 类渠道在全渠道的战略中，都是不可缺少的。现在在中国，很多专业的第三方运营商可以帮助刚起步的 DTC 品牌快速地进入市场。

线下渠道，不可消失的门店

近几年，很多的线上 DTC 品牌开始开设直营实体门店。

Allbirds 原来只做线上的销售，后来通过开设实体门店，不仅增强了用户体验，还提升了线上的销售额。

Allbirds 在北京的实体店开在了北京的时尚商业区三里屯，这让很多认同 Allbirds 品牌的年轻人能够到实体店体验不同款式的鞋子和服装，更深刻地体验到 Allbirds 环保、舒适的品牌价值，起到了线上不能做到的品牌价值传播的作用。在实体门店购物时，用户通过简单的扫码即刻成为会员，可以享受品牌商赠送的精致礼品。这样就可以实现和用户的连接，把用户变成其小程序的用户和公众号的粉丝。

像优衣库这样的传统品牌，原来只有直营店。现在，优衣库通过打造数字化门店，让用户在实体店购物时也能感受到线上购物的体验。2021 年，优衣库在北京三里屯新开业的旗舰店让用户感受到线上和线下购物的融合。用户在店里扫商品的条形码，即刻可以看到该商品更详细的信息和同款商品在天猫旗舰店的价格以及用户的评价。优衣库利用用户在线上购物时的感觉，以及扫码享优惠并成为会员的简单操作，完成了和用户的连接，把原来实体门店的用户转化为私域流量。

很多原来依靠渠道销售的品牌商也实施了 DTC 的战略，直营店的占比越来越高，DTC 的销售比例已经占据总销售份额的 50%，所以直营实体门店也是品牌商触达和连接用户的重要渠道。

全渠道数字化技术帮助 DTC 品牌做到了触达和连接用户。现在，数字营销中常用的两个词是点击率和转化率。点击率和转化率成为现在衡量线上营销效果的两个重要指标，很多 DTC 品牌也是在这两个指标上"烧钱"。很多点击率和转化率很高的公司最后还是没有存活下来，原因就是没有获得用户的信任。用户在购买或使用产品的过程中体验不好，无法形成第二次购买。所以在触达和连接用户后，内容运营和服务体验就成为 DTC 品牌市场销售额增长的关键。

内容运营与服务体验

运营的本质就是顺应人们认知世界的方式，让用户认同你的品牌价值，使用你的产品，这样才能实现你的目标。随着互联网产生的"粉丝经济""网红经济"，听起来好像是一些新的概念，通俗点儿讲，就是品牌商与用户建立关系。

"网红营销"在一定程度上依托于人的模仿天性。人一生下来就具有模仿想成为的"那个人"的本能，这种本能是天生的，不需要培养。在婴儿心中的"那个人"就是父母，所以他们模仿父母走路说话；成长到青年之后，他们心中的"那个人"就变成了电影明星、运动明星，所以"网红经济"是由用户内心模仿的心智所推动的。对于年轻用户而言，"网红营销"是最有效的。近年来，市场上的 DTC 品牌——完美日记仅用了 3 年的时间，就全网"走红"，用的就是"网红经济"的策略。"网红"们结合完美日记产品的视频、图片、文稿进行传播，一个"腰部网红死忠粉"的比例可以达到 20% 甚至更高。所以完美日记的做法就是利用"腰部网红"的号召力，再通过"人海战术"弥补知名度的短板，一个"网红"不够，那就用 100 个"网红"；100 个"网红"不够，那就用 1 000 个"网红"。每次完美日记上新后，你都可以在各个平台看到大量"网红"集体"种草"完美日记的新产品。完美日记的目标群体是 18～28 岁的年轻女性，她们也正好是"网红粉丝"的主力军。

直播带货是"网红经济"体现，是一个很强的传播方式。我们不要把直播带货仅仅看成一个销售渠道，因为如果将其视为销售渠道，那么其销售成本就太高了，产品的折扣和主播的费用让商家几乎没有利润甚至亏钱；但是如果把直播带货视为一种营销方式，那么其费用就比较低了。与传统的电视广告和平面媒体相比，直播带货的营销费用少很多。直播带货是将营销和销售放在同一场景完成，直播间就是产品的"秀场"，主播和用户之间的互动使用户获得更详细的产品信息，这让用户能够更好地了解品牌的价值。所以直播带货这种方式也是 DTC 品牌触达用户的很好的方式。

DTC 品牌和用户建立信任的关键是好的产品体验和服务。不断地提升产品购买和使用的体验和服务，是 DTC 品牌快速拓展市场、战胜那些传统大品牌的重要战略。DTC 品牌的体验和服务是从销售到使用的一个完整链路，可归纳为以下 3 个方面。

- 第一，免费试用，先使用，后买单。美国 DTC 品牌——三爱内衣在使用这个策略的过程中，屡试不爽。三爱内衣先让用户免费试穿 30 天，如果用户觉得内衣很好，可以在 30 天内付款。免费试穿 30 天可以向潜在用户传递一个信息：这家公司对于自己的产品非常有信心。一个新的 DTC 品牌在拓展市场时，免费试用是一个非常有效的吸引用户的方式。

- 第二，充分满足用户的个性化需求。各类 DTC 数字原生品牌，都采用了 AI 技术来极大地满足用户的个性化需求。沃比·帕克使用调查问卷中的信息来帮助你选择"在家试戴计划"中寄送给你的 5 种镜架；三爱内衣的算法则帮助你选择最适合你的文胸；在线出售新鲜、个性化宠物食品的农夫之犬使用问卷调查表来确定适合爱犬的狗粮搭配和比例；在线葡萄酒零售商 Winc 使用问卷调查的答案来确定寄给你哪个品牌的葡萄酒，而且其包装像时尚盒子一样；Winc 也开始自主生产葡萄酒，基于算法处理为各种用户挑选不同葡萄酒品种；Care/of 会根据你对调查问卷的回答，为你量身定制适合你的维生素；Prose 使用调查问卷为其在线用户定制洗发水。在满足用户个性化需求的过程中，DTC 品牌也能够充分地了解用户的需求；基于这些需求，DTC 品牌可以不断地升级和开发出新的产品，同时会让用户对品牌产生依赖。

- 第三，超出预期的服务。在传统商业模式的流程中，售后服务是最被用户诟病的，如售后服务电话没人接听、推诿、扯皮等。成功的 DTC 品牌在用户服务方面做得非常出色。下面，我将分享几个成功 DTC 品牌的"超级"服务故事。

接下来我想讲一个关于沃比·帕克眼镜的故事。2018年感恩节的前一天晚上，一个顾客注意到他最近购买的一副沃比·帕克眼镜的镜片上有一道小划痕。眼镜还在一年保修期内，这位顾客当天晚上就向沃比·帕克用户服务团队发送了一条短信。由于当时正值假期，他认为直到下周也收不到回复，可能到时不得不再次向沃比·帕克用户服务团队发送电子邮件。但事情出乎他的意料。半小时后，他就收到了两封电子邮件。第一封邮件说新眼镜即将寄往他留下的地址；第二封邮件中写道："这是退货标签，请将有问题的眼镜寄回给我们，以便我们查看眼镜出现了什么问题。"这让这位顾客大吃一惊，因为这件事发生在感恩节前一天的晚上9点。但最令人惊讶的是，沃比·帕克的服务人员没有说"我们会解决这个问题的"这类话。该顾客直接就收到了两封电子邮件且他的问题已经得到了很好的解决。

DTC 助听器品牌 Eargo，为了尽可能提升用户满意度，着力提升"手把手式"售后服务的水平。当用户购买助听器时，Eargo 会通过电子邮件发送"到货前"视频的链接，而不是等着用户致电询问。在用户买了助听器的第 3 天，Eargo 会向用户发送另一个视频的链接，提供有关如何充分利用助听器的小窍门；第 10 天则会向用户发送另一段有关如何清洁助听器的视频；而在第 24 天，则会向用户发送一个有关助听器长期护理的视频。

触达、连接、体验是"爆炸式"增长过程中的关键点。而"爆炸式"增长是 DTC 品牌成长路上最精彩的一个阶段，也是决定 DTC 品牌能否成功的关键，还是和传统品牌决战的"上甘岭"，而且是决定企业未来估值的重要一步。

像创业家一样思考

1 找一个市场上的"爆炸式"增长的品牌例子，并做一下案例研究。

2 除了广告、补贴，你觉得还有什么样的促销模式能带来"爆炸式"的增长？

3 假如你研发了一款解酒饮料，你觉得如何才能实现"爆炸式"增长？

第 7 章

第七步，
价值变现，进入独角兽
俱乐部

　　2016 年 7 月 19 日，美国 DTC 品牌的鼻祖——美元剃须俱乐部的创始人迈克尔·迪宾迎来了自己事业的高光时刻。联合利华以总金额达 10 亿美元的价格正式收购了迪宾创办的主营剃须刀产品的在线男性护理用品平台——美元剃须俱乐部。迈克尔·迪宾实现了完美"逆袭"，获得了成功，而当时距他创立这个公司仅仅 5 年的时间，其销售额已达到 2.4 亿美元，用户数达到 300 万，平均每个用户的客单价达到 80 美元。时任联合利华总裁兼董事长保罗·波尔曼（Paul Polman）在对这次收购交易发表看法时，强调了这家年轻的美国公司在"订阅式"营销模式上给联合利华带来了宝贵启发，他表示："一家像联合利华这么大的公司，很难建立美元剃须俱乐部拥有的那种营销模式，因为压根就没有那种企业文化和技术能力。"

　　美国的另一个早期的 DTC 品牌——虚拟发型屋于 2019

年被德国跨国公司汉高收购了 51% 的股份。汉高是染发产品的巨头，旗下有很多知名品牌，如施华蔻 Brilliace 系列产品和 Natural & Easy 产品。但汉高表示，美容产品个性化的增长趋势和"有价值的用户见解"是其收购虚拟发型屋的主要原因。

中国的 DTC 品牌虽然起步比美国的 DTC 品牌晚，但凭借中国市场强大的消费能力和生产制造能力，很多 DTC 品牌发展的速度都超过了美国 DTC 品牌。美妆行业以前几乎都被欧美国家的大品牌垄断，但中国巨大的消费市场为国潮美妆的 DTC 品牌提供了广阔的发展空间。2020 年 10 月 25 日，国潮美妆 DTC 品牌——花西子登上美国纽约时代广场纳斯达克大屏，并发布了"苗族印象"产品的巨幅海报；2020 年 11 月 19 日，另一个国潮美妆 DTC 品牌——完美日记正式在纽约证券交易所挂牌上市。

3 种方式，寻求价值变现

DTC 品牌的创业者创设品牌或者成立公司的最终目的是要进行价值变现。价值变现的方式一般有以下 3 种，但价值变现的前提是你把公司经营得很好，实现了盈利。

- 第一种方式就是给股东分红。世界上的大部分公司都是以这种模式运作的。这样的方式可以成就一个持续发展的公司。

- 第二种方式就是公司首次公开募股（IPO）上市。这是今天大多数年轻创业者梦想的模式。他们在创业之初就想让公司上市，然后在上市后把公司股票卖出去，以便在很短的时间内就实现个人的抱负，解决创业资金匮乏的问题。

- 第三种方式就是把自己的公司和行业的同类公司（或者是更大的公司，或者是有互补能力的公司）进行合并重组，通过合并重组把自己公司的一部分股份变现。这样的方式也能够快速地实现价值变现。

5 个要点，为融资、并购或 IPO 打好基础

被大的品牌商收购，可能是 DTC 品牌实现价值变现的最好的方式。其原因有如下两个。

- 第一，现在的市场和以前的市场不太一样了，产品技术迭代更新得特别快，产品创新需要的时间也非常短；一个产品的生命周期也非常短。所以，我们创立

一个新的品牌以后，不会像以前可口可乐、宝洁一样就能存活上百年。今天，用户（特别是"90后""00后"）对品牌的依赖性越来越弱，因为他们接收的信息太多了，他们的选择太多了，不像在 20 年前或 30 年前，用户可能只见过一种可乐，就是可口可乐；无论是去上学还是去旅游，用户的背包里可能只有可口可乐。今天就不一样了，用户到超市一看，货架上有几百种饮料。用户的选择特别多，有功能性饮料、不同口味的饮料。所以在这个时代，用户对品牌的依赖性很弱，更谈不上对品牌的忠诚。产品技术更新迭代快，产品生命周期短，就需要不断创新，不断地开发新品。

- 第二，大部分DTC品牌的产品缺乏很深入的研发过程，这些产品的功能都很简单，旨在用简单的方式直击用户用其他产品无法满足的痛点。这个品类的大品牌商很容易快速地改善、提升其产品的功能。这是 DTC 品牌的一大弱点。DTC 品牌的优势就是其商业模式。大品牌愿意收购这些新的 DTC 品牌，主要是看中其可以直接与用户建立连接的能力。如果一个大品牌要具备这种能力，实际上还需要花很多的时间。我们常说一个企业有一个企业的基因，大品牌熟悉传统的渠道管理方式，其渠道管理的基因非常强。所以，大品牌通过收购一些采用新型营销模式的企业，来弥补其原本不具备的能力，这可能是最高效的一种方式。

对于一个 DTC 创业企业来说，要想吸引一个大品牌来收购，一般要满足 3 个条件：第一，你的产品得到了市场的认可；第二，你的商业模式得到了市场的认可；第三，你的产品在市场上占有一定的份额。满足了这 3 个条件，才有被大品牌收购的可能。

第一个条件是我们在前面章节中提到过的。找到用户的痛点、打造一个新产品，是我们做 DTC 商业模式最先要经历的两个步骤。特别是在找用户痛点的这个步骤，DTC 品牌的创业者需要认真思考、调研、测试、验证，不能制造一些自己臆想出来的需求（或者叫作假需求）。我们需要真正地找到用户的痛点，然后基于这个痛点，去开发 DTC 品牌的产品。产品是一个实实在在的东西，其价值点要突出，不是一个空泛的概念，也不是灵光乍现的"抖机灵"。DTC 品牌确实要依靠现在的一些新技术，使产品能够去解决用户的痛点或弥补现在大品牌产品的不足。DTC 新产品开发的时间短，大品牌在短时间内很难设计出同类产品，或者超越 DTC 品牌的产品。这样，那些大品牌就愿意收购 DTC 品牌。实际上，这些大品牌买的是时间，是 DTC 品牌曾经进行产品研发的时间。

第二个条件是我们在做 DTC 商业模式时很重要的要素，即"破坏式"地进入市场。这种"破坏式"进入市场的模式一旦得到了用户的认同，就成了一种新的商业规则。例如，美元剃须俱乐部采用订阅的方式售卖其剃须刀，即每月把产品寄给用户；三爱内衣用半码的产品和 30 天免费试穿的体验方式卖内衣；沃比·帕克眼镜每次会寄 5 副眼镜给用户，让用户挑选一副最合适的眼镜并将其余的眼镜寄回。我们之所以把这些进入市场的方式称为"破坏式"，是因为这些方式都违背了大品牌原来建立的一些规则，都打破了传统营销范式。采用"破坏式"地进入市场的方式建立起来的新的商业规则，对这些大品牌是有价值的，打破了其原有的市场认知。这些大品牌也可能会把这些新的商业规则纳入其传统的销售体系中去，让这些新的商业规则带动其从传统的销售体系向新的销售体系转换。现在很多大的品牌也开始尝试DTC商业模式。

第三个条件是非常重要的。虽然你说自己的产品很好、你的销售模式具有极强的创新性，但是大品牌最终还是要看你的市场份额，因为它们非常在意自己的产品在市场上的占有率。换句话说，如果大品牌想要提高市场占有率，也需要做各种新品的研发，也需要创新营销方式，其成本是很高的。这些大品牌通过收购一个 DTC 品牌，不仅可以得到一个产品、一种新的销售模式，而且获得了 DTC 品牌的市场份额。这些大品牌最看重的可能还是第三个条件。所以，快速地拓展市场是 DTC 商业模式成功的关键一步，可以帮助品牌获得一定的市场份额。只有获得了足够的市场份额，DTC 品牌才能引起这些大品牌的关注。

　　一个企业的知识产权管理，对未来的并购和 IPO 都是十分重要的。知识产权包括著作权、软件的版权、专利等。一些创业者对这个问题不够重视，这样便可能会导致自己的品牌被侵权。DTC 品牌在成长过程中，被大品牌攻击的往往都是知识产权。同时，DTC 品牌如果不及时申报自身的知识产权，则可能导致被别人抄袭。DTC 品牌的知识产权的使用和保护，需要由专门的团队来负责。DTC 品牌需要聘请专业的顾问和专业的专利申报代理商。知识产权是企业的无形资产，无论在并购或 IPO 时都可以提高企业的估值。

　　规范管理对创业企业来说是十分重要的。在融资或并购过程中，收购方要对被收购方进行尽职调查（due diligence，DD），要对企业的历史数据和文档、管理人员的背景、市场风险、管理风险、技术风险和资金风险做一个全面、深入的审核。由于有些企业的日常管理不规范，收购方可能需要花很长时间对其进行尽职调查。当收购方还有其他选择时，这些企业就可能会被收购方放弃。还有一些企业也存在管理不规范的问题，收购方为了规避风险，压低了这些被收购企业的估值。对一个企业进行尽职调查时，一般会考察以下 5 个方面：一是产品和业务调查，二是财务调查，三是法务调查，四是用户调查，五是高管访谈。如果企业的日常管理很规范，尽职调查的效率就会很高。在产品研发方面，企业要把产品研发和测试的文档制度建立起来；在财务管理方面，企业每年要请第三方审计公司做年度审计，这一点也是非常重要的；在法务方面，企业要定期和法律顾问进行沟通，听取他对企业在合规管理方面的意见。总之，企业在平时要规范管理，这样就会给企业融资、并购或 IPO 打下坚实的基础。

像创业家一样思考

1 统计一下美国和中国过去两年进行 IPO 的 DTC 品牌，并谈谈你的看法。

2 找出两个近两年来大品牌收购 DTC 品牌的案例，并做案例分析。

3 分析并购和 IPO 的利弊。

5 种新玩法，全方位"引爆"DTC 品牌

CREATE
A DTC
BRAND AND
WIN BIG

在开始创业之前，
认识营销玩法的本质

技术让人类走得更远，航海技术使得哥伦布从欧洲到美洲成为可能，助力他发现了新大陆；航天技术把宇航员送上了太空……如果我们想把技术很好地应用到业务领域，就要对技术和业务的本质有深刻的认识。技术不是指那些冷冰冰的机器，也不是指一条条没有情感的代码。就商业而言，从远古时代的物物交换，到现在的电商平台，商业"交换"的本质没有改变；但是基于信息技术、物流技术，商业"交换"的方式改变了，"交换"的效率提高了，人们对于"交换"这一人类自身创造出来的社会活动的满足感提高了。技术的本质就是赋予人们更强的能力，但是人类也必须有驾驭技术

的能力，才能接受这种赋能，才能把技术赋予你的能力转换
为业务能力。汽车是技术的产物，但如果你不会开车，汽车
的能力在你的身上就实现不了转化。假设你是做运输的，这
项业务的本质就是把货物从一个地方搬到另一个地方。也许
以前，你用牛车运货，而现在有了一辆汽车，但运输的本质
并没有因此改变，只是效率提高了很多倍。自 20 世纪中期
以来，信息技术被应用到各行各业，像沃尔玛这样的企业如
虎添翼，成了世界上最大的企业之一。但是如果你不了解技
术和业务的本质，把计算机当成大尺寸的计算器去使用，那
么就无法在信息化和数字化时代生存。"酒香不怕巷子深"
的时代已经过去了，企业必须要在对技术的正确理解之上制
定发展战略。

·

　　本书第二部分的目的是让读者能够准确、深刻地理解信
息和数据技术的价值，了解目前基于这些新技术所产生的
管理新概念。这部分梳理了创新的快闪店、创建超级购物体
验、私域流量运营、订阅式付费会员制等目前在 DTC 品牌
发展中常用的营销策略，这些概念和营销策略在前面 7 章的
内容中都有提及。在这部分的每一章，均从概念的原型出发，
揭示其商业的本质和 DTC 商业模式的关联。认清一个事物
的本质，特别是认清现在基于技术创新的一些营销策略的本
质，对于我们将这些营销策略运用到具体业务中是至关重要
的。有些创业的小伙伴几乎尝试了所有数字创新的概念，但

还是失败了，原因就是我们只看到了一些事物的表面，照猫画虎，没有得到原本应给业务带来的好处。20 世纪 90 年代，中国开始发展连锁超市，每家超市都安装了收款机（POS 机），大多数企业都把 POS 机当成自动收款的设备。但实际上 POS 机最初是作为超市库存管理工具使用的，是用来采集销售数据的。POS 的英文全称是"Point of Sale"，原意为销售点管理。而我当年去国外考察学习时，恰好看到收款员用这样的机器收钱，就给 POS 机起了个中文名字，即"收款机"。这个名字改变了这台设备原有的本质用途，以至于在之后的很多年我们的超市管理者都把 POS 机当作大型计算器和钱箱使用。由此可见，在应用某一模式或策略之前，认清其本质是至关重要的，而在接下来的内容中，我便希望聊一聊对 5 大营销玩法本质的看法。

这一部分共分为 5 章。第 8 章讲述了如何搭建数字化管理体系。如今，信息技术、数字化技术以及基于这些技术形成的用于企业管理的各种系统，成了 DTC 品牌的基础设施。对信息技术和数字化技术的认识，是一个创业者的必修课。如果你还没有从本质上认识这些新技术的价值，就不要创业。

第 9 章讲述了如何建立订阅式付费会员制，创造会员价值。订阅式付费会员制，是每个品牌都想达到的和用户关系的最高境界。无论是好市多的线下实体门店付费会员制，还是亚马逊的线上"prime+"付费会员制，都让 DTC 品牌的创业者去追随、仿效。付费会员制不仅让品牌和用户建立了牢固的关系，而且减少了品牌未来销售的不确定性。

第 10 章讲述了如何把握关键节点，定义超级购物体验。虽然大家对"购物体验"这个词语并不陌生，这个词语更多是指用户对购物中心、卖场环境的体验，但 DTC 品牌的营销触点是多渠道的，每个渠道、每个触点的体验对于赢得一个用户都是很重要的，这就是我们所说的"超级购物体验"。

第 11 章讲述了如何开拓营销渠道，设置快闪店。快闪店（Pop-up store）是基于数字化技术的一种新营销模式，它通过在人流多的场所短暂开店，展示和销售产品，让用户有机会触达产品，增强对产品的体验，传播品牌价值；再通过下载 App，扫码关注公众号、下载小程序等方法，积累品牌的私域流量。

第 12 章讲述了如何做好私域流量运营，把握其中的 3 大要点。私域流量运营，是指通过公众号、小程序、App、企业微信号、视频号等诸多渠道触达用户。DTC 品牌可以通过这些渠道和用户互动，提高用户的购买欲望，实现流量和销售的转化。

第 8 章

玩法 1，
高效运营，搭建数字化
管理体系

DTC 品牌的商业模式运营是基于数字化管理体系的。我们如何才能在数字化时代搭建 DTC 品牌管理体系呢？这个体系和信息时代的管理信息系统或企业资源计划（ERP）系统又有什么不同呢？我们首先需要了解 DTC 品牌的管理和信息技术、数字化技术是怎样融合在一起的。

我们把人类社会至今的信息时代分为两个阶段：第一个阶段称为"以个人计算机为代表的信息时代"，第二个阶段称为"数字化时代"。

在第一个阶段，世界上共有 3 家企业为人类社会的发展做出了巨大贡献。第一家是 IBM，它把放在实验室的电脑"搬"到了人们的办公桌上，之后，这些电脑就成为每个人的日常办公工具；第二家是微软，它发明的 Windows 操作系统把原来只有专业人员用磁盘操作系统（DOS）语言才能操作的电脑，变成普通人用鼠标就能操作的电脑，这使得电脑被广泛使用；第三家就是思爱普（SAP）公司，在"世界 500 强"企业当中，有 90% 都使用了 SAP 系统。SAP 公司的最大贡献就是把企业原来效率低下的管理方式变成标准化、流程化、信息化的管理方式，从而大大提高了企业的管理效率。这也是在 20 世纪八九十年代，沃尔玛、宝洁等企业能够迅速扩张的原因。

任何企业的管理目标都是要充分利用现有资源，提高企业的经营效益。中国最早的企业管理系统雏形是"账本 + 算盘"组合。计算机出现以后，基于其强大的计算能力，企业管理者开始用计算机系统取代原来的"账本 + 算盘"组合。20 世纪 70 年代，制造业企业开始使用计算机。最早研发的企业管理系统是原料需求计划系统（materials requirement plan，MRP）。制造业企业所需要的原料种类特别多，因此原料计划十分重要。如果原料短缺，就会造成生产线停工；如果原料过多，又会造成浪费。MRP 很好地解决了制造业企业的原料需求的管理问题。但对于企业来说，它们拥有的资源不仅包括原料，还包括机器设备、工人、库房等。针对如何提高资源的使用效率、企业各个部门间如何实现协同等问题，人们又研发出制造资源计划系统（manufacture resource plan，MRPII ）。①我本人在大学工作和做访问学者时，从事的科研领域就是 MRPII。后来，MRPII 演变成了现在的 ERP 系统。ERP 系统包括企业原材料管理、生产过程管理、财务管理、销售管理等主要的业务系统。20 世纪 90 年代，互联网的出现使得企业的管理开始从内向外扩展，出现了供应链管理系统和客户关系管理系统。这些系统都大大提高了企业的管理效率。但这些系统都很昂贵，且维护成本很高。同时，这些系统要求管理人员需要具备很高的素质，因此中小企业往往对这些系统望而生畏。在信息时代，大多数管理系统都是根据企业的工作流程进行管理的，因此企业每个部门的系统信息是被其"独占的"，这样便形成了一个个"信息孤岛"。这也是企业在数字化转型时都要建立一个数据中台的原因。数据中台就相当于一个数据港，可以将孤岛中的信息按照每个业务单元的需求装入集装箱，从而使每个业务单元都能及时得到所需的信息，应对市场的变化。

3 大数字化技术，重塑品牌运营逻辑

数字化时代有 3 大代表性技术：一是云计算，二是全渠道，三是大数据。DTC 品牌是在数字化时代诞生的，这

---

① 为了和 materials requirement plan 的缩写 MRP 区分开来，本书用 MRPII 表示 manufacture resource plan。

3 大技术对 DTC 品牌的商业模式打造，起到了非常重要的作用。

首先我们来看看云计算。有的读者可能曾经做过企业管理信息系统，或者接触过云计算。但是，大部分企业都只把云平台用于数据存储，这些企业不用买服务器，而是在云平台上租用一个空间，把企业的一些应用软件和数据放到云平台上去，然后比较这样的方式比企业买服务器是否更加省钱。一般来说，租用云平台空间也不比买服务器更省钱。存储并不是云计算的本质，云计算的本质是帮助企业实现创新。在没有云平台之前，如果我们要去做一个创新项目，花在新系统研发方面的投入都可能达到几千万元，甚至上亿元。我从 IBM 离职后，曾经做过一个类似于 B2B 的平台。这个平台的功能很简单，即把供应商和零售商之间的订单传到该平台上。为了实现这个简单的功能，我们就花了几千万元，买了 IBM 的小型机服务器和甲骨文（Oracle）公司的数据库，雇了 100 多位软件工程师。但半年时间过去了，我们没有看到成果。因此，在没有云计算之前，创业的门槛相当高，尤其是在系统建设方面。如果你没有足够的资金，根本就不能开发出一套很好的系统。2015 年，云计算比较成熟后，很多创业企业的系统建设都以云计算为基础。我现在所在的企业主要帮助零售企业和品牌商做聚合支付和数字营销。当时，这个企业在第一个月只花了 4 000 元就在阿里云上租了一个空间来验证商业模式是否可行。验证成功后，我们就签约客户，获得投资。目前，我所在的企业已经成立 8 年了，是一个比较成功的创业公司。因此，云计算不仅可以为企业提供存储数据的空间，而且可以支持企业实现创新，验证一个新的模式、新的功能是否可行。云计算对于创业企业来说，试错成本是最低的，试错时间也是最短的。现在，云计算的功能越来越强，可以为用户提供越来越多的服务。在信息时代，企业 IT 部门的功能被逐渐淡化，被云计算的能力所取代。一个企业租用云平台的依据不是节省了多少成本，而是企业是否可实现创新。很多企业以数据放到云平台上不安全为由，拒绝使用云计算，这实际上是对云计算的不了解。云计算的运营服务商，对其客户数据的安全保护措施做得非常好。企业的生命力源于创新，云计算可以大大降低企业创新的成本。如果企业还没有充分运用云计算来提升企业的创新能力，那么将在信息时代留下遗憾。

那么，DTC 品牌为何要运用云计算呢？ DTC 品牌的商业模式的关键在于：与用户进行连接。DTC 品牌可以使用 App、小程序、公众号、电商平台与用户进行连接。如果要达到这一目标，DTC 品牌还需要依托很强大的技术平台。有了云计算，企业就不需要买服务器，也无须做完所有的事情。今天，企业可以利用第三方的云计算和 SaaS 平台实现开发一个 App 或做一个小程序的目标。一些技术资源非常丰富的企业的产品一般都是架构在云平台上的，如果你利用这些企业基于公有云的 SaaS 产品，只要付服务费就可以了；如果你需要一个私有化的系统，就可以在阿里云上或者腾讯云上租用一个空间，把你的整个系统在云平台上运行。

数字化时代的第二大技术——全渠道，一般是指企业与用户互动的渠道。全渠道不仅包括企业自己构建的渠道，还包括一些公共的渠道。以往，企业的经营模式是每个渠道都有一个经营团队。比如，针对淘宝商城，企业有淘宝的运营团队；针对京东商城，企业有京东的运营团队。实际上，企业只是把这些渠道作为商品销售的渠道，而没有针对全渠道整合商品管理、顾客管理和营销管理，并没有实现企业后台全渠道管理。对于 DTC 品牌而言，全渠道是其重要的战略之一，可以帮助其实现全渠道后台管理。现在，我们经常听到"数据中台"和"业务中台"两个名词。实际上，"数据中台"和"业务中台"为全渠道管理打下了很好的数据基础和应用基础。有了这两个基础，无论企业用的哪一个渠道，都能把数据整合起来，也能通过业务中台与其他的渠道进行连接。很多大的电商平台不会给企业返回交易数据，如淘宝、京东等。企业在电商平台上只能看到商品的销售情况，而看不到用户是否浏览了你的商品或用户是否将你的商品加入了购物车。亚马逊最近开始对平台的商户释放一些用户的信息，能让在亚马逊平台上开店的 DTC 品牌商看到用户的"画像"。这对 DTC 品牌实施全渠道战略大有裨益。

企业通过渠道和用户建立了连接后，就会获得很多用户交易行为的数据（现在流行的"私域流量"的概念）。管理这些用户数据的系统被称为"用户数据平台"（customer data platform，CDP）。过去，实体店采用发放会员卡、会员积分奖励等方式与用户建立长期的互动和联系。现在，互联网技术愈加成熟，企业不仅可以把用户变成会员，而且可以把用户变成忠诚的顾客。未来，越来越多的用户数据，将会沉淀到 DTC 品牌商的用户数据平台上。用户数据平台就像 ERP 系统中的数据库，是 DTC 品牌商数字化系统建设和运营管理的起点。

我们再来看看数字化时代的第三大技术——大数据。在数字化时代，让企业经营方式改变最大的、让企业受益最多的技术就是大数据。有一位美国专家说过这样一段话："在电子商务的背后还是商务；在互联网的背后是人与人的交互；在大数据的背后是人。"（Behind e-commerce is commerce；Behind Internet is interaction；Behind big data is people.）这 3 句话，非常清楚地说明了不同时代流行的技术对企业管理产生的影响。

第一句，在电子商务的背后，还是商务。20 世纪 90 年代末，我在 IBM 工作时正赶上互联网第一波热潮——电子商务。IBM 也在大力推广电子商务。当时 IBM 的大中华区总裁周伟焜先生说："电子商务，就是把原先线下的业务搬到线上来。"在那个时代，互联网并没有改变商业的本质，只是提高了企业运营管理的效率。

第二句，在互联网的背后，实质上是人与人之间的交互。你发一封邮件给我，我回一封邮件给你；你发我一条微信，我回你一条微信；这些就是交互模式的体现。这一点正是改变人类社会和企业管理的关键，使人们建立了连接。

第三句，在大数据的背后是人！大数据可以使我们能够更好地分析人的各项行为数据。大数据和人工智能（AI）技术的出现，可以使我们更加精准地定位用户需求。企业的管理系统经历了一个从信息化到数字化的不断进化过程，大数据和 AI 技术是数据时代企业管理系统的核心。大数据和 AI 技术的运用不是指对企业数据进行简单的统计分析，统计分析的工作本是企业在信息时代就应该完成的工作。我们今天所说的大数据，其关键体现在"大"上。这里的"大"，不是指交易数据有多少。数据多并不是指大数据。大数据是要把用户的各种与消费行为有关的数据聚集起来，基于这些非结构化的数据，运用 AI 算法，更加精准地理解用户。照片、视频等都是非结构化的数据。本书前几章提到的 DTC

品牌，如沃比·帕克眼镜、三爱内衣、虚拟发型屋等 DTC
品牌，都是通过用户的照片收集数据，然后运用 AI 算法帮
助用户匹配更适合他们的产品。虚拟发型屋利用收集到的数
据，为用户打造个性化的染发方案，将用户保留率从初始订
单的 50% 以下提高到 70% 左右。品牌只有对用户有了正确
的认知，才能做出特别好的产品并提供更好的服务。用户有
了好的消费体验，才能成为品牌的忠实用户。只有当用户无
限回购时，品牌才能抵销获客成本。虚拟发型屋的一位联合
创始人说："我们所做的一切都是为了留住用户，因为第一
笔订单都是不赚钱的。"大数据和 AI 技术在 DTC 品牌的运
营模式中，得到了很好的应用和验证，大大降低了吸引用户
的成本并将其转化为忠实用户。

4 大模块，打造数字化时代的品牌管理系统

如何基于上文所述的 3 大技术，做出一个 DTC 品牌的
管理系统呢？如图 8-1 所示，零售企业的信息化是从大家熟
知的商品外包装上的"条形码"开始的。条形码就像产品的
身份证。产品有了条形码，才能成为商品，进入市场流通
体系。条形码和扫描技术的出现，至少为人们降低了 5% 的
生活成本。条形码的发明人 IBM 实验室的诺曼·伍德兰德

（Norman Woodland）①先生也因此于 1992 年获得了美国国家
科技创新奖。有了商品识别技术，我们才能对商品的库存、
流动、销售进行更好的管理。对于 DTC 品牌而言，商品的
库存管理是企业管理的核心内容之一。中国最早的 DTC 品
牌之一"凡客诚品"已经快被人们忘记了。让这个曾经风光
一时的服装品牌倒下的，就是巨额的库存。20 世纪 70 年代，
商场 POS 机的出现，对美国零售商和品牌商的商品管理都
起到了极大的推动作用。由 POS 机得来的数据成为零售商
的重要资产，也成为零售商和品牌商进行数据管理的依据。
现在，DTC 品牌的商品销售大多实现了线上化。线上销售
的"付款"按钮，就相当于实体店的收款机，同样可以存储
用户购买记录。这些记录比实体店 POS 机记录的交易数据
多包含了用户联系方式等信息，这为商家进行精准营销打下
了基础。

有了数据之后，很多学者开始对零售商和品牌商的商品
管理进行深入研究。20 世纪 70 年代，美国的布赖恩·哈里
斯博士（Dr. Brian Harris）提出了"品类管理"的概念，品
类管理对零售商和品牌商提高商品管理的效率，起到了极大
的推动作用。在全世界范围内，优秀的零售商和品牌商都在

---

① 还有一种说法是，条形码由伍德兰德和伯纳德·西尔弗（Bernard
　Silver）共同发明。

应用品类管理的方法。20 世纪末到 21 世纪初,宝洁和可口可乐都在中国零售企业中推广品类管理。因此,DTC 品牌如果不想步凡客诚品的后尘,就应该把品类管理的基本能力和系统打造、建立起来。想要做好一个 DTC 品牌,我们不仅需要"种草"和直播带货,而且需要进行品类管理。

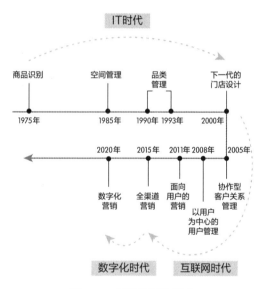

图 8-1 零售管理的演变

注:此图基于 ECR 委员会 2021 年报告翻译。

资料来源:米雅科技。

零售管理的演变

由 POS 机得来的数据，既可以用来管理商品库存，又可以用来挖掘用户的需求。用 POS 机的数据来分析用户需求的典型案例便是"啤酒+尿布"的故事。这个故事是我在 IBM 的时候一位美国顾问给我讲的。我把这个故事用中文写了出来并在《中国商报》上发表了。从此，这个故事就在中国的零售界流传开来。在信息时代和数字化时代之前，以用户为中心都是一句空话。有了 POS 机之后，品牌商和零售商能够了解用户的购物习惯、畅销商品的类型。在数字化时代，在交易过程中会产生各种与用户相关的信息，这就将以用户为中心的管理落到实处了。利用这些与用户相关的信息，DTC 品牌就能够更精准地定位用户的需求，更好地进行产品的更新迭代，从而降低试错的成本。

图 8-2 展示的是 DTC 品牌管理系统的 10 大功能模块。我们可以从中看到从 IT 时代最基本的 4 大功能模块，到互联网时代的 6 大功能模块，再到数字化时代的 10 大功能模块的演变。随着技术的进步，新的管理系统不会简单地取代原来的管理系统，而是在原来的管理系统的基础上不断地迭代。在信息时代，零售企业的管理系统主要以商品管理和门店管理为核心。互联网的出现为人与人的连接、企业与企业的连接奠定了技术基础。因此，零售商和品牌商

也把管理的重心从商品和门店转移到用户和供应链上来，从而产生了"用户关系管理系统"和"供应链管理系统"。在数字化时代，4G 和 5G 的出现，使 DTC 品牌的运营模式成为一种新的零售模式。DTC 品牌的运营模式是数字化时代的产物。从图 8-2 中我们可以看到，数字化时代增加了 4 个模块，即全渠道管理、泛会员价值管理、智能化管理和全域营销管理。

图 8-2   DTC 品牌管理系统的 10 大功能模块

对于一个刚成立不久的 DTC 品牌，其面临最大的挑战就是全渠道管理。因此，构建一个全渠道管理系统是 DTC 品牌管理系统开发的首要任务。全渠道销售管理中的全渠道，包括品牌商的直营店、电商平台、小程序商城、抖音商城，在第三方电商平台上开设的旗舰店，与美团、饿了么等各类平台建立的连接。全渠道管理的功能主要是商品上架管理、订单管理、价格管理、配送管理、库存分布等。新零售的代表企业盒马鲜生，在创立时就采用了全渠道的运营模式，实现了线上业务与线下业务的高度融合。

泛会员价值管理的"泛会员"，是指从每个渠道获得的用户。这和实体门店的会员有很大的区别，或者说"泛会员"是指各类应用端的用户。每位到盒马鲜生购物的用户，都要先下载一个 App。这个看起来很简单的动作，却是全渠道管理和传统门店管理的本质区别。盒马鲜生正是利用其 App，把在门店购物的用户变成了其线上的用户，与用户建立了深度连接。在中国，移动支付的普及率相当高，移动支付也是连接门店、品牌商和用户的数字化基础。基于移动支付的数据，我们可以打造一个客户关系管理（CRM）系统。遗憾的是，很多企业的管理者都没有意识到这一点，只把移动支付当作一种支付方式。泛会员价值管理就是要把在各种渠道的用户都作为"会员"管理起来。这种转化会员的场景很多，如"支付即会员""程序下载即会员""公众号关注即会员""平台注册即会员"等。这些转化的会员信息，就进入了企业的用户数据平台。之后，用户数据平台就会对这些会员进行归类、分析，对每个会员的价值进行分析，运营部门和营销部门就会基于每个会员给出"千人千面"的运营方案和营销方案。

智能化管理就是通过系统的 AI 能力，帮助管理者进行决策。每天当我们打开手机时，可以看到各种推荐信息，其背后都是智能系统通过对我们的认知进行推荐的。DTC 品牌的管理包含了产品设计、研发、生产、仓储、营销、售卖、送货、服务等管理节点，在每个管理节点，品牌都要进行决策。如果都靠管理者进行决策，那么品牌的整体运营效率肯定非常低。智能化管理就是根据各类信息，让系统代替管理者进行决策。比如，传统企业是靠管理者的经验决定产品的订单数量。如果运用智能化管理系统进行决策，我们首先要建立一个订单模型。这个模型可以根据对产品订单数量的影响因素，如天气、季节、节日等因素，自动预测产品的订单数量。用户每次下订单时，系统就会评估这些影响因素，然后生成一个产品订货单。这样不但可以减少运营管理人员的工作量，而且可以避免很多人为决策的错误。

全域营销管理的主要功能包括以下 4 个。第一，可以对营销渠道进行管理。对于所有用户能触达的营销渠道，全域营销管理均可以进行注册管理，分类整理各类营销渠道并根据渠道特点和营销活动实现用户需求匹配等。第二，可以实现营销广告的投放。第三，可以发放优惠券。第四，可以体现营销的效果。

技术就是生产力，DTC 品牌的运营模式之所以能在今天得到广泛应用的关键在于：大数据和 AI 技术能够帮助企业更加精准地定位用户需求。这也是 DTC 品牌与传统企业、一般零售企业的不同之处。

像创业家一样思考

1　除了线上购物，还有哪些生活和工作的方式被数字化技术改变了？

2　在你的工作中和生活中，你是否使用过软件系统？这些系统的优缺点是什么？

3　在你购买过商品的电商平台中，你认为哪一个电商平台最适合你？

第 9 章

玩法 2，
创造会员价值，建立
订阅式付费会员制

DTC 品牌美元剃须俱乐部在其产品上市时就宣称将以订阅制的方式售卖产品，订阅式付费会员每月都会按时收到美元剃须俱乐部寄去的剃须刀。售卖方式的改变，让那些经常忘记买剃须刀的男士一阵欢呼，也让多年来一直依靠零售商和渠道商经营的剃须刀行业大品牌感到措手不及。

订阅式付费会员制本来是适用于线上数字产品的一种销售方式，但被美元剃须俱乐部用来卖剃须刀。对于线上数字产品，订阅式付费会员制的商业模式是适用的。因为线上数字产品易获得，不存在配送问题。线上数字产品大都不具有物理功能，订阅式付费会员制的会员费也往往是根据使用时间来收取的，用户很容易根据个人的使用情况来判断会员费是否合理。DTC 品牌的产品却截然不同，其产品大部分都是实物，会存在质量问题、物流问题、服务问题。会员获得的价值并不能马上显现出来，这就给 DTC

品牌订阅式付费会员制的推广带来很大的困难。但在数字化时代，DTC 品牌善于引导用户养成付费会员形式的消费习惯，因此说服一个用户成为 DTC 品牌的付费会员，比 50 年前好市多说服用户买会员卡要容易得多。好市多是实体门店付费会员制的先导者，成功地把会员制和零售业结合在一起。2019 年，中国的实体零售业面临着电商平台的巨大冲击。在麦德龙、家乐福纷纷撤离中国时，好市多却逆风飞翔，让我们重温了曾经实体门店开业时的热闹场面。好市多在中国一次次的成功开业，也让"付费会员制"一时成为中国零售商探讨的热点。

付费会员制之所以备受零售业的推崇，主要原因有以下 3 个：第一，付费会员制把原来商家和用户之间不确定的关系变得确定了；第二，基于这种确定的关系，商家可以量化用户的购买行为，这对商家提高供应链的整体效率十分重要；第三，会员费可以作为商家服务的收入保障。

DTC 商业模式，是互联网和数字化技术相互融合的产物。品牌与用户之间有着天然的连接。任何一个 DTC 品牌都迫切需要找到更加稳定、更有价值的方式来巩固已经与用户建立的连接。付费会员制已经被证明是维系企业与用户关系的重要方式，自然也成了 DTC 品牌重要的经营策略。付费会员制的关键在于商家如何才能吸引用户成为付费会员；如何才能利用现有的产品和服务，使会员能够"兑现"会员费的价值，从而形成一个稳定、健康的商业模式与运行机制。

付费会员制发源于欧洲上层社会的俱乐部，最初主要为同一圈层的群体提供具有排他性的社交场所与服务，后来又随着社会变迁与经济发展融入了各行各业，逐渐成为一种常见的商业模式。20世纪初，曾在中国红极一时的特许经营品牌普尔斯马特（PriceSmart）的创始人——美国的索尔·普莱斯（Sol Price）先生在20世纪中期，就将付费会员制引入了零售业，首创了几十年来经久不衰的仓储式会员店（Warehouse Club）模式。普尔马斯特创立的初衷是为那些财力有限、难以拿到批发价的小企业提供批发渠道，因此普尔马斯特也仅对拥有营业执照或转售许可证的商家开放会员资格，并向这些会员收取年费。实际上，普尔马斯特是想用年费把商家和会员俱乐部的关系"确定"下来。基于这种确定的关系，普尔马斯特可以整合商家的商品采购需求，从而形成规模可观的采购量。然后，普尔马斯特凭借大采购量向生产商索取低价，并把一定的低价利益让渡给作为会员的商家，使其享受到付费会员的低价格权益。1980年，普尔马斯特在上市时被媒体誉为"美国零售业发展最快的商业模式领军者"。付费会员制和仓储式超市原本没有天然的联系，但普尔马斯特将付费会员制与仓储式零售完美结合，开创了"仓储式付费会员店"这一新的零售业运营机制，对于零售业态和管理机制来说都是一种创新。
1993 年，普尔马斯特与好市多合并，从此奠定了好市多的
行业龙头地位。付费会员制从此成为零售商和品牌商追捧
的商业模式。

3 大功能，用付费会员制与用户建立深度连接

功能 1，DTC 品牌圈定目标用户的探针

付费会员制是零售企业和品牌用以维系与用户关系的一
种方式，通过营造归属感来增强用户黏性。因此，付费会员
可以享受会员身份带来的各种权益。对于零售商和品牌商来
说，付费会员制不仅可以提前获取一笔可观的服务费，而且
可以更好地圈定目标用户，首先剔除一部分"过客"——利
润贡献度较低且会给零售商和品牌商制造"噪声"的群体。
零售商和品牌商的很多滞销商品，都是受这些"噪声"影响
而产生的。零售业之所以利润低，并不是因为畅销商品利润
低，而是滞销商品的成本摊薄了畅销商品的利润，从而影响
整体利润率。付费会员制可以甄选出具有一定购买力的用
户，再基于圈定的用户群体选择特定的商品。这样，商家就
可以降低运营难度与成本，保障会员权益的兑现。

　　付费会员制的本质是商家和用户通过"付费会员"这
种商业利益的约定，建立了一种密不可分的联系。在数字
化时代，智能手机及各种智能终端已经遍布线上和线下全
渠道商业场景的每个角落。无论是零售商还是品牌商，与
用户建立连接并不是一件难事，只是很多商家还没有意识
到这种连接的价值。在移动支付普及之初，像我创建的杭
州米雅科技一样做聚合支付服务的公司纷纷推出了"支付
即会员"的支付场景；会员 App、会员小程序、企业微信
等各种能触达用户的终端，使商家和用户的连接变得更加
简单。DTC 品牌的产品往往都是针对一小部分用户，因此，
DTC 品牌更需要以较低的成本找到目标用户群。DTC 商业
模式利用数字化技术，能在线上或线下以较低的成本与用
户建立直接的连接。订阅式付费会员制，则可以帮助 DTC
品牌圈定对品牌认同度较高的用户群，从而建立起品牌自
己的私域流量。因此，我们说订阅式付费会员制是 DTC 品
牌圈定目标用户的探针。

功能 2，捕捉用户需求的"网"

　　普尔马斯特基于付费会员制，建立了与用户的"确定"
关系，圈定了目标用户群体，聚集了用户的需求，降低了未
来经营的不确定性，提升了其与商品供应商进行价格谈判的

能力，为付费会员提供了价格优惠的权益。到了好市多时代，付费会员制已经不仅是商家和用户"确定"关系的纽带，而且能使商家精准定位用户需求。每张会员卡都能代表一个家庭的所有用户，因为会员卡记录的消费行为展现了其家庭的生活方式。20 世纪，信息技术、数字化技术尚不发达，会员关系就成了商家以较低成本精准定位用户需求的重要途径，而在付费会员制下，商家能够更好地聚焦有价值的用户，促成会员权益的兑现。

随着信息技术、数字化技术的高速发展，订阅式付费会员制就像商家编织好的一张捕捉用户需求的"网"，将用户的需求"网"在一起，再通过 AI、大数据等技术进行聚类分析，基于不同的用户建立其消费行为预测模型，并更有针对性地制定商品研发与营销策略以及高效的运营流程。这是当今大部分 DTC 品牌能在短时间内取得成功的关键。数字化技术使商家与用户建立了高效的互动渠道，如各大平台的直播带货等。奈雪的茶在每个季度都会根据会员的喜好，定期推出当季限定产品，以满足用户踊跃尝试新产品的需求，从而增强了用户黏性。DTC 品牌在过去的 5 年中，之所以能得到快速的发展，是因为 DTC 商业模式蕴含的创新能力已经使品牌从传统的"快速试错"的模式中走了出来，实现了"精准定位，精准打击"。DTC 品牌能够通过订阅式付费会员制准确地捕捉到会员的需求，快速地进行产品的更新和

迭代。因此，订阅式付费会员制成为 DTC 品牌产品创新迭
代能力的一部分。

功能 3，商家和会员连接的纽带

普尔马斯特对会员的价值仅体现在商品价格的折扣上，
其创立付费会员制仓储式超市的出发点是让用户为获得折扣
的权益而付费。今天的好市多和山姆会员店则有了更高的追
求——让用户为价值付费。随着信息技术的发展和商业模式
的演变，会员价值的维度在不断地拓展。在线上业务和线下
业务不断融合后，会员不再归属于某一门店或某一平台，而
归属于一个商业品牌，这个品牌既可以是零售商又可以是
品牌商。会员的价值也可以体现为多渠道、多场景的利益。
DTC 品牌的订阅式付费会员制，对会员的价值设定一般包
括如下 5 个方面。

- 第一，身份的独享价值是付费会员制最显性的价值。
  DTC 商业模式将线上业务和线下业务融入全渠道来运
  营，因此会员可以独享免费送货到家的服务。

- 第二，商品价格的优惠是大多数 DTC 品牌常用的会
  员价值策略。无论是线上商家还是线下商家都会采用
  "会员价"策略，从而让会员觉得其所支付的会员费

能够即刻兑现价值。

- 第三，会员积分回报是 DTC 品牌培养会员忠诚度的最好方式，是 DTC 品牌对用户忠诚的奖励。用积分兑换的产品和服务，往往会让用户感到满足。例如，我们可以用积分兑换环球影城的门票、五星级酒店的二人烛光圣诞晚宴券等。花西子在 2020 年年底开展了积分兑换双面美人镜和灵鼠雕花书签的活动，受到了花西子会员的热捧。

- 第四，商品和服务的高质量和独特性。山姆会员店就有很多自己开发的独特商品，并且这些产品在其他零售门店是买不到的。DTC 品牌的商品就具备这种独特性，因此 DTC 品牌采用付费会员制，从而使一些零售商无法实现超越。

- 第五，特殊的服务，如免费洗车、免费牙齿护理等。这些服务对用户来说是超出其原有对会员价值的预期的，是额外的惊喜。

DTC 品牌是数字化时代的产物，因此，"线上 + 线下"相结合的模式给 DTC 品牌带来了更广阔的会员服务空间。很多线上的数字化产品比线下的产品对用户来说具有更大的吸引力。

两种策略，创造超预期的会员权益

策略 1，用数字化增加付费会员的权益

20 世纪末至今，日新月异的科技发展与不断提升的消费需求，在不断地驱动着零售业进行变革。其中，最引人注目的便是电子商务的强势崛起。与早期的线下仓储式会员店模式相比，发达的信息技术和数字化技术为在线获取会员、了解会员与维护会员创造了极大便利。因此，DTC 品牌的订阅式付费会员制与线上零售业相互融合的业务模式应运而生。

亚马逊在 2005 年推出了 "Amazon Prime" 付费会员体系，成为新一代订阅式付费会员制的典型代表。与好市多等早期的实体店付费会员体系不同，亚马逊向用户兜售的不再是获取高性价比商品的 "门票"，而是更为丰富的一系列增值服务，也涵盖了主体零售业务以外的生态权益。"Amazon Prime" 付费会员体系，也为 DTC 品牌的商业模式奠定了良好的基础。

与实体零售店的会员体系相比，订阅式付费会员制依靠互联网和数字化技术植入了更多互联网的优势。用户不需要为了办理会员卡而到店填写资料、缴纳费用，而是足不出户就可以在各大平台上订阅会员服务，并且可以选择不同价位

的年度会员或季度会员。在线订阅只是订阅式付费会员制的特征之一。订阅式付费会员制的主要优势在于会员权益的扩大化，即充分利用数字经济的优势，把到家服务与数字商品作为会员权益的亮点。会员不仅可以在购买商品时享受专属折扣、返现、免运费、加急配送等多种特权，还可以畅享电子书、音乐和影视等数字化商品。当实体零售的付费会员制接入互联网电商生态时，我们便实现了会员权益的扩大。付费会员可享受的权益更多了，这对用户来说是一件好事。

策略 2，建立付费会员制的全渠道思维

今天的用户已经习惯了全渠道零售模式，用户的心智空间更加多维，对会员权益的诉求也日益多元化。从实体商业到数字经济，从传统零售到新零售，我国零售业经过了 10 余年的冲击和融合，逐渐确立了全渠道、一体化的发展方向，也改变了以往线上业务与线下业务相互割裂的商业格局，打破了各个渠道之间的壁垒。用户可以自由选择线上或线下场景、购物渠道等，并且会获得同等品质的商品或服务。

全渠道零售模式极大地推动了付费会员制的发展。第一，基于付费会员制，零售企业建立的是一种信任机制，这种信任机制能让会员更加简单地选择购买商品的渠道，降低了用户购物的决策成本。第二，会员权益在线上和线下实现

了一体化，且会员权益得到了延伸，从而进一步提升了会员的价值，让会员享受到全方位、立体化的商品与服务权益。第三，会员对商家的了解、信任，可以降低会员购物的不确定性。前文提及的环保鞋 DTC 品牌 Allbirds，是我从大卫·贝尔教授的演讲中了解到的，之后，我便开始关注这个品牌。Allbirds 在北京三里屯开设了北京的第一家店。我到其店里买了一双鞋子，这次的购物体验很好，我当即成为该店的会员。现在，我每周都可以在朋友圈里看到 Allbirds 分享的信息。Allbirds 正是基于全渠道的零售理念，打造订阅式付费会员制的体系，使用户沉浸在全渠道零售的商业环境中。全渠道有助于零售企业丰富会员权益，能使其更高效地兑现权益，从而加强与用户的联系。

像创业家一样思考

1 列出你加入的会员清单，并找出你最常使用的会员权益。

2 你对哪个品牌的忠诚度最高？如果该品牌采用订阅式付费会员制，你最希望获得的会员权益是什么？

3 如果你成为一个品牌的付费会员，你衡量年费合理性的依据和逻辑是什么？

第 10 章

玩法 3,
把握关键节点，定义超级
购物体验

　　"用户体验"这一概念最早由美国学者莫里斯·B.霍尔布鲁克（Morris B. Holbrook）与伊丽莎白·C.赫希曼（Elizabeth C. Hirschman）在 1982 年发表的《消费体验观：消费者的幻想、感觉和娱乐》（*The Experiential Aspects of Consumption: Consumer Fantasies, Feelings and Fun*）论文中提出。研究者从用户感官意识的角度看待用户行为，认为消费与"源源不断的幻想、感觉和娱乐"有关，而不仅仅是理性购买商品的过程。20 世纪末，美国学者 B.约瑟夫·派恩（B. Joseph Pine）与詹姆斯·H.吉尔摩（James H. Gilmore）进一步揭示了体验的价值，指出体验是一种独特的、更高等级的经济产出，可以为未来的经济增长提供重要动力。继农业经济、工业经济、服务经济之后，体验经济是经济发展必然会经历的过程。在此过程中，经济产出经历了"初级产品、产品、服务、体验"的自然递进，逐渐衍生出更具价值的经济增长点。在过去的 20 年中，零售商和品牌商在提升用户体验方面所做的努力，也取得了很好的经济回报。

如今，"为体验付费"日益受到新一代年轻用户群体的认可。消费观念与消费行为的转变，有利于 DTC 品牌开拓新价值，打通新的增长路径。但体验的升级并非一蹴而就，企业需要从用户体验的角度，重新审视生产、经营模式。多年前，派恩与吉尔摩就在其合著的《体验经济》（*The Experience Economy*）一书中预言新的难题——产品与服务如果不能由"体验化"获得更高的价值，就难免陷入"初级化"的困境，沦为差异消失、利润微薄的"初级产品"，这也是一些 DTC 品牌失败的原因之一。在数字化技术驱动的"新消费、新品牌、新零售"背景下，体验对于 DTC 品牌来说越来越重要。DTC 品牌开辟出一条以体验形成差异化竞争优势的道路，积极探索如何以个性化、场景化的方式为用户提供产品与服务。

回顾零售业的发展历程，我们不难发现，"用户体验"早已植根于零售业的基因中。或者说，重视"用户体验"长期以来已经成为商家的"本能"。品牌商和零售商共同打造的各类购物场景，正是为了增加商品的"用户体验"的价值。19 世纪中叶，西方国家的百货公司就植入了体验的基因。以 1852 年在巴黎开业的乐蓬马歇百货（LeBon Marché）为代表的高端购物场所大多装修得金碧辉煌。这些购物场所凭借豪华的陈设、优雅的服务人员、精美的包装等，为用户打造了一流的购物体验，在当时极具吸引力。人们涌向这些新兴的商业中心消费，感受前沿的生活方式，从而提升了商品的价值。21 世纪，传统的百货公司已经失去了用户的青睐。这些百货公司过去的"殿堂级"购物体验已经褪去了光环。一方面，用户有了越来越多的渠道购买高档商品，可以直接与品牌建立连接；另一方面，随着人们生活水平的提高，周到的服务、舒适的氛围也几乎成为现代门店的标配。

用户"冷落"了百货公司的传统式体验，但并不意味着他们不再重视购物体验。恰恰相反，用户比以往任何时候都更需要体验。美国康奈尔大学心理学教授特拉维斯·卡特（Travis Carter）和托马斯·吉洛维奇（Thomas Gilovich）的研究发现，购买体验比购买产品更能让用户感到高兴，能让用户产生满足感。换言之，在"买得到""买得便宜"等需求很容易得到满足的今天，让用户"买得好""买得愉快"就成了新的竞争力。体验本身不但没有过时，而且上升到了零售企业市场竞争战略中的关键地位。

12 步，界定关键的体验节点

DTC 商业模式是在互联网技术的推动下而产生的一种

新的商业模式。很多 DTC 品牌都是借助大的电商平台或者自建电商平台开始发展起来的。DTC 品牌的用户也都热衷于线上购物。我们把用户的线上购物体验过程（从搜索商品到完成购买）分为 12 个步骤。每个步骤对用户来说都是关键的体验节点。

第 1 步，方位：第一次在哪里遇见

"在哪里遇见"是体验的第一步。就像恋人的第一次约会一样，约会地点是图书馆、公园还是酒吧呢？这完全取决于双方的喜好。不同的约会地点会给双方带来不同的体验。

美元剃须俱乐部的第一个广告发布在美国当时红极一时的视频网站——YouTube，完美日记的第一个广告发布在淘宝和小红书。渠道的选择需要综合考虑目标客户群的定位。正如沃顿商学院教授大卫·贝尔在《不可消失的门店》一书中指出：用户在哪里，体验就在哪里。用户在哪里看见你的 DTC 品牌，体验就从那个地方诞生了。

第 2 步，内容：我们语言相通

两个人吵架时，我们常听到其中的一方大声说："你说

的是人话吗？"因此在交流时，对方的思维逻辑和价值观都对你讲的东西的接受度有所影响。美元剃须俱乐部的第一个广告视频，是他们的创始人自导自演的；而完美日记一开始就牵手了多频道网络（MCN），无论是小红书的推文，还是淘宝商城的直播，都体现了"小清新"的基调。36氪曾在《完美日记是怎么火起来的？》一文中写道："2018 年，完美日记开始在小红书、抖音等内容平台走红。凭借大量 KOL 的分享和推荐，完美日记迅速在小红书树立了自己的品牌形象——高性价比、时尚设计、强推广力及快速上新，收获了大量粉丝。这种效应外溢到电商平台后，带动了完美日记销售额的增长。"

第 3 步，营销：你更懂我

中国的电商企业在个性化营销的路上走过了一段弯路。随着中国政府对电商企业的监管日趋加强，"大数据杀熟""无底线的沉浸式诱导营销""标签化推送"等行为被及时禁止。《中华人民共和国个人信息保护法》等法律法规的出台，使中国的电商市场逐步走向健康发展之路。技术向来都是"中性"的，可以用来为善，也可以用来作恶。美国的 DTC 品牌三爱内衣开发半码内衣的举措，引发了一场内衣尺码的"变革"。虚拟发型屋则帮用户选到更适合的染发膏颜色。个性化营销的目的是使人的生活更加个性化，而不是利用人的弱点和认知的盲区，给用户推销一些没用的商品。

第 4 步，支付购买：即付即得

"即付即得"是指在实体店的购物体验。在线上购物时，如何才能让用户也能有"即付即得"的体验，或者说超越这种体验呢？线上支付环节对于用户体验十分重要，因为线上用户在做出购买决定时，不会像在实体店购物时那般坚定。在线上支付环节受到的任何干扰，都可能使用户改变其购买决定。DTC 品牌的产品种类比较少。选中商品后就能直接支付，会给用户更好的购物体验。京东商城的支付购买环节做得非常好，值得 DTC 品牌在自建电商平台时参考学习。

第 5 步，到家服务：资产的监控权

用户在线上支付完成后，觉得自己已经获得了商品的"物权"，便开始关心所购商品的状态。因此，物流的准时性、过程的透明性以及货与人交接的界面，都会给用户带来不同的体验。DTC 品牌大多都与第三方物流公司合作，因此

在到家服务这个环节，第三方物流公司就很难保证 DTC 品牌期望的服务质量。DTC 品牌在和第三方物流公司合作时，共享第三方物流公司的信息，是做好用户体验的关键。最近，沃尔玛开发了一套入室配送的服务。在美国，一些传统零售企业会开放自己的物流体系，为品牌商提供物流到家服务。传统零售企业的物流体系是基于零售业务设计的，往往可以比纯粹的物流企业为用户创造更好的购物体验。2022 年 1 月 5 日，沃尔玛宣布将大力推广名为"InHome"的入室配送服务。即使用户家中无人，沃尔玛也可以安排配送人员直接"送货到冰箱"。为了让用户放心，沃尔玛员工在送货时都会佩戴摄像头，通过沃尔玛 App 录制或直播配送全过程。用户回家后，就可以在冰箱里找到冷藏保存的商品。与传统的送货到家服务相比，入室配送服务为用户提供了更多的便利。用户可以随时下单，无须考虑订单的配送时间。

第 6 步，包装：品位不错

线上商品在运输过程中的过度包装，一直被环保主义者诟病。包装可以体现 DTC 品牌的品位和价值观，是用户收到商品时的第一个体验。DTC 品牌的目标用户群体以年轻人为主，极简消费观受到新一代用户群体的追捧。Allbirds 采用可回收的材料，既不过度包装商品，又不让包装过于简陋，是 DTC 品牌的典范。

第 7 步，产品第一眼：超出预期

实物与图片、视频展示商品的差别，对用户体验的影响最大。因为线上的图片、视频内容会使用户在心中有一个期待值。线上的图片和视频效果，往往会影响用户对商品的预期，用户拿到实物后，体验可能会很差甚至恼怒。好的体验会给用户惊喜。因此，DTC 品牌需要通过图片和视频让用户形成一个合理的期望值。

第 8 步，第一次使用：感觉自己变得更聪明

如果品牌的产品让用户觉得自己变得更聪明了，就是最好的购物体验。这种聪明的体验往往是"物更美，价更廉""立竿见影地帮助用户解决了问题""即刻提升生活品质"。在这一环节，一份简单的产品说明书、一个产品使用示范的短视频、一个用户使用经验分享的视频，都会提升用户在这一环节的体验值。

第 9 步，售后服务：你是否在意他（她）

用户会很关心品牌是否在意他（她）。现在很多电商平台都用机器人做售后服务工作，实际上，这很危险，因为服务是基于商品、场景和用户的特点来做的。目前，还没有哪个机器人系统能提供这样的个性化服务。如果用机器人做售后服务工作，用户的投诉将变成一肚子不满、退货、卸载 App 等，从而导致品牌之前的努力付之东流。很多DTC 品牌觉得自己的产品很好，也花了较多心思进行营销，但最终失败了。机器人很可能会赶跑品牌的用户。

第 10 步，评价与分享：我干得很不错

"晒朋友圈"已经是用户常用的社交方式，也是用户购物体验的重要组成部分。这些用户不是为了帮助商家做推广，而是希望得到他人的认同。如果 DTC 品牌能够在售卖产品的同时，提供可供分享的个性化模板，则可以让用户的分享变得很容易，如产品与用户合影的模板、拍照的示范图、吸引眼球的文字模板等。目前，抖音平台上有很多制作个性化抖音视频的模板，值得 DTC 品牌借鉴。

第 11 步，日常维护：打理生活的帮手

DTC 商业模式和传统商业模式最大的区别之一，就是商家与用户建立了连接。如果这种连接没有互动，那这种连接没有任何意义。试想一下，如果你的一个朋友加了你的微信，但从来不联系你，也不发朋友圈，你们互为朋友的这种连接是没有任何意义的。我在 Allbirds 北京三里屯的旗舰店买过东西，关注了其公众号和企业微信。现在，我每天都会看到 Allbirds 在朋友圈发的信息，并且每一条信息都很应时应景，如在春季发的"趁春色正好，去户外放松生活，无忧起跑"。

第 12 步，再次购买：信任的建立

一键重购，是 DTC 品牌的电商平台常见的一个功能。好的用户体验往往源于商家对信任的奖励、赠品、优惠、双倍积分等。积分是 DTC 品牌建立用户忠诚度最好的方式之一。

综上所述，线上体验的优势在于能更好地适应用户的个性化需求，为不同类型的人群构建"千人千面"的数字化场景。线上购物平台应用的智能推荐算法，可以让用户快速找到自己感兴趣的产品与内容，用户如同拥有了一个"懂我"

的数字化导购。同时，超越时空限制的购物体验也意味着更多的便利，用户可以轻松、快速地获取信息，查看他人对产品的评价；与购买过同一件产品的陌生人在线沟通。

不可消失的门店，用沉浸式体验打动人心

全渠道时代，用户或许会走进实体店，在那里建立起对品牌、产品的认知，随后便转向更为便利、价格更实惠的线上渠道购买产品。这样的购买行为同样彰显了体验的价值。各大 DTC 品牌近几年也更加重视实体业务，从纯线上的经营模式转向了线上与线下相互融合的经营模式，旨在以用户在实体店的体验弥补其线上体验的不足，从而更加完整地体现品牌的价值，巩固品牌和用户的关系，将品牌展示给更多潜在的用户。在当代零售业态中，线上与线下渠道之间已经从当初的非零和博弈关系，发展到共生互利的关系。正如大卫·贝尔在《不可消失的门店》中对雷利零售引力法则（Reilly's Law of Retail Gravitation）的延伸解读一样："位置阻力"在网购行为中仍然存在，相当一部分用户倾向于在购买之前触摸并感受产品。因此，零售品牌要让用户能在现实和虚拟这两种环境下，通过统一、无缝、自然的体验感受你的产品。

案例 1，Allbirds

全球知名的环保鞋 DTC 品牌 Allbirds，在创业之初完全依靠线上营销渠道，实现了快速增长。然而，线上提供的服务始终无法替代门店提供的试穿服务。因此，Allbirds 开始在线下开店，增强用户的购物体验。截至 2021 年 6 月 30 日，Allbirds 共开设了 27 家门店，并计划加速推进大规模的实体业务。相关负责人曾以 2019 年 3 月开业的波士顿后湾店为例，用数据证实了提供门店体验的意义——在该门店开业后的 3 个月内，当地线上客流量增长了 15%，周边地区的新客增长率则高达 83%。Allbirds 的北京三里屯店，在极简风格的设计基础上融入了京味元素，向用户传达出品牌的核心价值。这家门店从入口处开始彰显环保理念，用突出品牌名称的苔藓墙迎接用户，店内设有以天然制鞋材料，如羊毛、桉树、甘蔗为主题的陈列区，并利用可回收物制作装饰材料，辅以绿色植物来增添几分自然气息。店员会介绍可持续生产方式，这一行为也是在推广品牌的同时播下用户忠诚的种子。许多到店的用户都是在线上认识了这个品牌，并且赞同品牌宣扬的环保理念。而在线下门店中，用户对公益事业有了真切的参与感。用户觉得在这里买一双鞋，就为环保贡献了自己的一份力量。

案例 2，沃比·帕克

另一个 DTC 品牌的代表——眼镜制造商沃比·帕克，早在 2013 年就已经开始布局实体店。截至 2021 年 6 月 30 日，沃比·帕克拥有 145 家门店，并计划以每年增加 30～35 家新店的速度持续扩张。为了吸引更多用户到店消费，90 余家门店还会额外提供眼科检查服务。

沃比·帕克将门店视作有价值的营销工具，其商品陈列、门店布局和接待服务都以用户体验为中心，致力于让用户与品牌产生轻松愉快的互动。来到这些犹如"眼镜图书馆"一般的门店，用户可以亲眼看到、亲自试戴更多款式的镜架，通过现场体验加深对品牌的认知。高度数字化也是沃比·帕克门店的特色之一。为了把线上的便利"搬"到线下，沃比·帕克为用户建立了数字化档案，店员可以根据用户的历史购物数据资料为其提供定制化服务，给出"千人千面"的购买建议。

线下门店现已成为 DTC 品牌营销和销售的有效渠道，与线上营销渠道并驾齐驱。沃比·帕克向美国证券交易委员会提交的文件显示，2021 财年，其电商业务贡献了企业净收入的 60%，其余部分则来自线下门店。

今天，数字化建设对用户体验至关重要。随着层出不穷的新技术融入零售场景，越来越多的企业选择打破实体门店与线上商城之间的界限，无缝连接线上和线下的全场景触点。人们十分熟悉的日本服饰品牌——优衣库，过去主要以舒适、简约、高性价比的产品吸引用户，如今也用数字化技术打造了新的体验，以此吸引新一代用户。在北京三里屯太古里西区，升级改造后的优衣库全球旗舰店内随处可见"自助扫码购"的使用说明，用户可以打开微信小程序或淘宝、天猫 App，用手机扫描门店商品的条码，直达优衣库微信商城或天猫旗舰店的对应商品页面，在线查看全部颜色、尺码以及穿搭效果等详细的信息。用户也可以直接在手机端完成购买，然后选择送货到家或店内自提。在门店自提服务台的旁边，优衣库的大陆首家花店是一道亮丽的风景线，为用户的购物体验添加了花香与色彩的点缀。此外，这家门店还引入了自助收银机、互动式广告屏、个性化定制系统等大量智能设备，为用户打造智慧、便捷的购物体验。

如今，新技术不断拉近商品与用户之间的距离，商品变得越来越"透明"，购物体验越来越丰富，但同时用户满足感的阈值也越来越高。

一些优秀零售企业在打造用户体验时积极寻求突破，已经积累了丰富的实践成果，值得 DTC 品牌学习和借鉴。从诸多成功案例中，我们可以领悟到：以用户为中心并深入了解用户需求，是提升体验的第一步。如今，互联网、人工智能、5G、VR、AR 等新技术层出不穷，为提升用户体验开辟了新的视角与空间。打造极致的用户体验，已经成为 DTC 品牌提高自身价值和市场竞争力的关键。DTC 品牌不仅需要满足用户对商品和服务的需求，而且需要满足其对生活品质的追求，而数字化技术加强了顾客的价值感知与体验。

像创业家一样思考

1　你认为哪家零售商的购物体验是独特的？请将其写成一个小故事。

2　在购物体验中，你最注重的是什么？请把它们列出来。

3　找几个朋友交流一下购物体验，并尝试找出个性化体验的共性和差异。

第 11 章

玩法 4，
开拓营销新渠道，设置
快闪店

　　20 世纪 90 年代初，我在波兰做访问学者时听过一位牧师讲述家长应该如何与孩子相处。牧师说当孩子感觉紧张或受到委屈时，最好的办法不是用语言安慰，而是"touch"（触摸），我们可以拥抱孩子或牵着孩子的手。在黑夜里，父亲牵着孩子的手，胜过给孩子的任何武器，会让孩子觉得更加安全。从那时起，"touch"这个词给了我很深的印象。在第 10 章中，我们讲的购物者体验多是线上的。在线上，我们可以听到或看到关于产品的信息，但最大的体验缺憾就是不能"touch"。"touch"对理性用户来说，是一个不可或缺的体验环节。我从研究 DTC 品牌这个课题之初，就知道 Allbirds 这个品牌，但因为我曾经有过在线上购买鞋子的不好体验，我一直没有在线上购买 Allbirds 的产品。直到 Allbirds 在北京三里屯开了一家店后，亲自到店里试穿，真正成为 Allbirds 的用户。很多产品，如床垫、椅子、服装、鞋等，"touch"的体验对用户做出购买决定是不可或缺的一个环节。所以很多像 Allbirds 这类的 DTC 品牌开始开设实体体验店，来弥补线上用户的体验缺失。这种在线下体验、在线上购买的用户购物行为，是数字化时代全渠道用户的标配。实体店固然能给用户带来很好的购物体验，但实体店的运营成本很高，如房租就会占据运营成本的很大部分。如果一个 DTC 品牌的产品种类不是很多，或者说用户体验后完全可以在线上购买，那么实体店就是一个新品推广和招揽新客的场所。

什么是快闪店？就像"实体的网页弹窗"

近几年新兴的一种实体店"Pop-up Store"，中文翻译为"快闪店"。顾名思义，这种新兴的实体店就是突然出现在某地的临时性营业场所，一个形象的比喻是快闪店就像"实体的网页弹窗"。有人也把它戏称为"打一枪换一个地方的游击店"。这种时间限定、区域限定的线下店铺，持续开店时间一般为几天到几个月，以扩大品牌影响力、推广新品、测试市场、近距离接触目标用户或直接促进销售为目的，依托在购物中心、步行街、广场、景区等客流量大的地区短期租赁的空间，低成本、快速地搭建购物与体验的场景；通常，快闪店还会加入极具特色的创新元素，以吸引用户的关注和参与。所以快闪店成为 DTC 品牌建立用户体验和品牌推广的新模式。

　　任何一种购物行为，一定和人的一些天性相吻合。人类的天性中，对"新感觉"的追求是永恒的，这种不断升级的追求与技术发展共同驱动着零售变革。19 世纪中叶，当传统的小作坊式店铺难以满足日益多样化的购物需求后，综合性的百货商店应运而生，用户可以在很大程度上享受到一站式购物的便利，不必再去鞋店买鞋、去帽子店买帽子、去香水店买香水；20 世纪初期，随着经济衰退，越来越多的用户追求实惠，因此美国出现了让用户自行在货架上挑选商品然后到收银台排队结账的超级市场；这些超级市场以薄利多销的方式帮助用户降低以食品、杂货为主的日常购物支出；20世纪中叶，经济与社会的迅速发展促使人们寻求更大的便利，到大型超市购物耗费的时间、精力已成为新的阻力，因此出现了在距离上更靠近用户、选品更有针对性的便利店；这些便利店高效地满足了即时的便利性需求……新业态不断涌现的本质是经营者不断发现新需求，并消除阻力的过程。

　　快闪店也不例外，在研究这种近几年流行的零售模式时，我们首先要清楚它抓住了用户的何种需求。零售业发展至今，已经孕育出了相当丰富的购物渠道，在满足用户个性化需求上各有千秋。例如，线上渠道跨越了时间、空间的限制，用户可以随时随地在线上下单，坐在家里就可以收到产品。而快闪店作为在线下构建的短期且非固定的商业场景，其出发点或者说竞争优势则是可以满足用户对新鲜、独特体验的需求。

值得注意的是，如果把快闪店作为一种全新的零售业态去定义，我们会发现，与百货超市、便利店等传统业态不同，这种新业态的边界是相对模糊的，卖场里常见的节日铺位、创意市集、新品展销、品牌路演、产品特卖会等，都可以看作广义上的"快闪零售"，即建立在共享空间上的临时、流动零售场景。换言之，快闪店往往并非是独立的业态，而是叠加在原有业态之上的新场景、新渠道，能在一段时间内为品牌与零售商建立灵活的关联，使合作双方共同受益。

我们来看看今天广受业界关注的快闪零售场景——品牌快闪店。这种以营销为主要目的，集曝光、获客、销售、传播等功能于一体的特殊门店，得到了越来越多品牌的青睐，其中既有路易威登、香奈儿、芬迪等国际奢侈品牌，也有可口可乐、费列罗、瑞士莲等大众消费品牌。我国的钟薛高、完美日记、认养一头牛等新品牌在"从 0 到 1"的破局阶段，同样选择了用快闪店迅速占领市场的方法。快闪店作为连接品牌与用户的桥梁，在当代零售业中发挥着重要作用。

快闪店起源于 20 世纪 90 年代末美国传媒企业家帕特里

克·梅勒切（Patrick Courrielche）的创新尝试。1997 年，梅勒切在洛杉矶举办了为期一天的"典礼博览会"（The Ritual Expo）活动，以流行文化为主题，营造了集音乐、食品与时装于一体的新潮购物体验，为人们提供接触唱片骑师（DJ）文化、唱片公司和艺术家的机会，同时增设可以购买加州独立品牌生产的街头服饰（Streetwear）的场所。这一创举大获成功，不仅促进了参与"典礼博览会"的小众品牌的发展，后续还引来了李维斯、摩托罗拉等多家知名品牌与之合作。之后，他们在美国各地推出快闪店，面向用户推广品牌并销售产品。

然而，受到当时的技术水平与社会经济水平限制，快闪店在这一阶段仍难以形成规模。一方面，品牌开发新产品的速度相对较慢，营销推广的需求并不多；另一方面，信息传递与物流运输的效率也很低，快闪店无法像今天这样形成巨大的广告效应，而快闪店在筹备过程中要投入比现在更多的时间和精力。换言之，无论是从主观需求还是从客观环境考虑，快闪店的发展都缺乏足够的动力。

近年来，随着技术的快速迭代与消费的不断升级，零售商和品牌商的全渠道能力都在提升。用户可以在快闪店体验，通过移动支付、小程序、公众号、App 和品牌建立连接。快闪店成为品牌和用户建立连接的高效渠道。

在新技术的支持下，零售企业创新的速度大大加快，新品牌、新产品层出不穷。零售企业致力于在第一时间响应新的消费需求，而用户也比过去更愿意尝试新鲜事物。在这样的背景下，零售企业需要开辟一个有效的渠道，让新品牌、新产品快速与用户"见面"。

因此，21 世纪以来，快闪店逐渐成为一种热门的营销方式，业内也出现了一批专门帮助零售商、品牌商落地快闪店的服务商。例如，2009 年成立于美国纽约的狮王集团（The Lion esque Group）是该领域的先行者。这家企业专注于打造沉浸式快闪零售体验，携手商业地产合作伙伴，为品牌商提供覆盖了制定策略、设计体验、落地实施、营销推广全链条的一站式解决方案。与传统的媒体广告相比，快闪店凭借身临其境的体验、面对面的互动，成功地拉近了品牌与用户的距离，其营销效果也得到了数据的验证。狮王集团 2015 年的研究显示，从一家快闪店开业到关闭后的半年时间里，平均销售额提高了 35%；约 50% 的快闪店在其生命周期内为品牌赢得了 30% 的社交媒体参与度，可以说收获了销量与流量的"双丰收"。

快闪店在我国的"爆发"出现在 2017 年。有趣的是，这一年在北京、上海等地开设快闪店的不仅有可口可乐、雀巢、耐克这些国际消费品牌，国内多家互联网企业也别出心裁，选择用快闪店在线下吸引更多用户。例如，QQ 音乐的"不断电能量站"是全球首家数字音乐快闪店，以"陪你听全世界"为主题，在繁华的商业街区搭建了引人注目的巨型录音机，用古董音响、专辑墙、歌词相框和精选的热播金曲取悦音乐爱好者，进而向潜在用户推广 QQ 音乐 App 这一在线正版音乐平台。知乎的"不知道诊所"联合小米、小象照相馆、Aromag 香水、ENJOY 美食电商等众多品牌，模拟现实诊所中医生看病的场景，打造了综合性的知乎创意体验馆，如"外科·时尚区"主治"又没衣服穿了症"，回答与时尚有关的问题，还搭建了球鞋文化墙、香水实验室、彩虹墙等，旨在"让不同的知识好玩起来"，向人们传递知乎很有趣的形象。在同一时期，我国还出现了唤醒童年情怀的"回忆超市"等。这些新奇的创意不仅吸引了大量充满好奇心的年轻人前来"打卡"，也在社交网络上掀起了热潮，在人们的一次次主动分享中把快闪店推向大众视野。

3 重功能，成为吸引用户的磁石

快闪店作为一种新的营销模式，可以达到"三赢"的境界，灵活地连接品牌商、零售商的资源，同时有效调动用户的能动性，实现三方共创、共享新价值。

人无我有，持续提供新场景

从用户的角度来看，快闪店提供的产品与服务具有较强的排他性，在特定时间、地点等限制条件下，注定只有少数人可以享受这些"过时不候"的体验。而在产品与购物渠道都极为丰富的今天，人无我有的体验意味着独特的吸引力。假如你是某个购物场所的常客，那里对你的长期吸引力来自什么？也许是优质的产品、实惠的价格、舒适的环境、贴心的服务等。过去，很少有零售企业做到用新奇和稀缺产品来增强顾客黏性。虽然过去出现了将艺术引入购物中心等富有创造力的设计理念，但是也大多仅限于赢来新客的惊叹。时间一长，这些用户要么不再光顾购物中心，要么渐渐习以为常。快闪店则弥补了这种缺失，可以持续提供新的场景与体验。例如，美国纽约的 Showfields 创新商业体被称为"世界上最有趣的商店"，将快闪模式常态化，把零售场地划分成多个独立的空间，以按月租赁的方式提供给品牌商，并帮助其精心策划装修与陈列方案；结合艺术展览、戏剧体验、社团活动和餐饮服务等，为用户制造惊喜体验，在开业不久后就成了纽约的"必打卡目的地"之一。

走进一家商场，与快闪店不期而遇，也是一个发现新品牌、新产品的机会。与线上的算法推荐相比，偶然出现在眼前的快闪店就像打开了人们走进新世界的大门，可以为用户

找到以往的习惯、兴趣之外的更多可能。以北京西单大悦城
2021 年的倍轻松（breo）快闪店为例，如果你从未购买过智
能便携式按摩器，也没有表现出对这类产品的任何兴趣，那
么线上平台在"猜你喜欢"的时候，很可能不会把它推荐给
你。但是当你恰好经过这家新开的快闪店时，店员会热情地
邀请你在躺椅上休息一会儿，一边享受舒适的眼部、头部、
颈部按摩体验，一边了解一些健康护理的知识，或许你会惊
喜地感到自己遇见了对的产品。实体店提供的真实体验与面
对面交流是难以替代的，对很多用户来说，在线浏览商品始
终存在距离感与顾虑，只有亲眼所见、亲自接触，才能真正
了解产品是否适合自己。

沉浸体验，自带打卡分享属性

快闪店不仅为用户提供了沉浸式场景、亲身体验、交流
互动这些在现场才能获得的体验，还自带打卡分享的社交属
性，能够充分满足当代用户"晒"的新型需求。如今，越来
越多的年轻人热衷于在社交网络上展示鲜明、立体的自我形
象，并在很大程度上把消费行为与身份认同关联在一起。对
他们来说，一次好玩的快闪店体验、一张与众不同的照片、
一件新奇的产品，都可以作为表达自己的方式与寻找具有共
同爱好的人的媒介。

此外，很多品牌为了促成潜在用户的首次购买，还会在快闪店提供限定赠品、开展折扣活动等，这些促销方式也让用户获得了更大的实惠。

品牌商是快闪零售最积极的实践者。这种灵活的开店方式与传统门店相比，成本更低。较少的投资意味着更多的测试市场的机会，因此在推广新产品、开拓新市场、进入新渠道时，许多品牌会把快闪店当作一个实验室，在这里快速验证既定的策略是否适用于目标市场。例如，日本商务男装品牌镰仓衬衫（Maker's Shirt Kamakura）在开拓中国市场时就选择了用快闪店"试水"，先后在上海静安寺地铁站、上海第一百货商店开设了快闪店。首家快闪店仅作为体验空间，供用户现场接触、试穿镰仓衬衫的产品，了解其制作工艺以及详细的尺码、穿搭、养护等信息，用户仍须在网店下单。第二家快闪店开放了线下购买，并且为门店配备了更周到的服务人员，通过近距离接触品牌的粉丝与购买群体，进一步测试开设实体店的可行性。这两家快闪店都取得了不错的反响，为中国首家镰仓衬衫旗舰店落户上海静安嘉里中心打下了良好的基础。值得一提的是，镰仓衬衫旗舰店根据快闪店采集到的用户需求，在门店内设置了衬衫定制专区，按照用户所需的尺寸、面料、配饰定制衬衫。相关负责人在接受媒体采访时提到，镰仓衬衫在上海第一百货商店开设快闪店时，用户对定制服务的需求超出了他们的预期。

近年来，一些原生数字品牌也选择从快闪店开始，探索线上和线下融合的长远发展道路。实体门店提供的体验是永不过时的，即使用户享受到了线上零售的便利，仍然有很多用户愿意在购买前亲自试用产品。DTC 商业模式的代表品牌之一，美国环保鞋品牌 Allbirds 在进军线下零售业之初，首先开设了实验性的快闪店，根据目标用户的线下购物表现，在多次尝试中不断完善门店布局。

制造热点，扩大品牌声量

快闪店对制造热点、扩大品牌声量也很有意义。独特、有趣的体验会引来用户的自发传播和分享，在社交网络上形成"打卡潮"。特别是在新品牌、新产品的推广阶段，用快闪店吸引"网络红人"与普通用户集中发布探店打卡内容，不仅可以在关键的时期收获海量"曝光"，还有机会营造出记忆点，快速占领用户心智，培养用户对品牌或产品的认知，这可谓是一种高性价比的营销方式。2018 年诞生的"中式雪糕"品牌钟薛高，自成立以来就不断通过快闪店促进线上和线下联动的裂变推广。其首家快闪店"自然而然的钟薛高"于 2018 年 5 月在上海 K11 购物中心开业，限时 10 天，用5 200 朵向日葵在商场内搭建了一条鲜花小径，洋溢着自然气息，让人很容易联想到天然、健康的品牌形象。用户只需要在朋友圈发一条与钟薛高快闪店相关的内容，就可以免费试吃雪糕，而这些朋友圈的内容又会为钟薛高赢得更多相似圈层的潜在用户的关注。

对零售商而言，与品牌方联手推出快闪店同样是吸引用户的磁石。到 K11 购物中心拍照、领雪糕的用户中有很多人也会到这家商场的其他店铺消费。一家成功的快闪店能够从多个维度为零售商创造收益。

零售商作为快闪店的场地提供方也可以让空置面积得到合理利用。近两年，实体商业遭遇了新冠肺炎疫情的剧烈冲击，百货商场、购物中心不断攀升的空置率已经成为零售商亟待解决的难题。越来越多的零售商把目光投向快闪店，选择灵活规划卖场空间，充分利用空置铺位、中庭或户外广场，为更多用户提供短期租约，从而提升租金收入。而在引入集聚人气的快闪店后，陡增的客流量与"高曝光"也让其他租户分享了流量红利，形成良性循环。

4 个要点，把快闪店建对

近几年，品牌商、零售商与用户的需求共同驱动了快闪店零售模式的蓬勃发展。越来越多的快闪店出现在购物中心、步行街等地，对爱逛街的用户来说，这种模式已经不足为奇了。因此，今天如果你想要用快闪店制造热点、"引爆"客流，则必须拥有鲜明的特色。

建好快闪店，理解用户是前提，创意是关键，体验是核心，共鸣是点睛之笔。

随着用户需求日益个性化、多元化，几乎每个品牌都圈定了自身的目标用户群体，为之匹配精细化的运营策略。理解用户的消费习惯、偏好、生活方式与潜在需求，是让营销活动有的放矢的前提，快闪店这种营销手段自然也不例外。正如潮玩品牌泡泡玛特发现"粉丝群体的年纪多在 18～35 岁，以一线和二线城市年轻白领、公司职员为主，女性占 70%"，在布局快闪店时就会专注取悦这类人群，为此打造了带用户穿越回童年时光的"拾光造梦机"、粉红色梦幻的"甜颜乐园"等。在快闪店的选址上，我们也需要充分考虑到商场、商圈的用户群体与品牌目标用户群体的重合度。泡泡玛特多次选择与北京西单大悦城合作开设快闪店，在很大程度上是看重商场"聚焦 18～35 岁新兴中产阶级目标用户群体"的定位。

理解用户是为了把快闪店建对，而建好快闪店则需要加入更多"奇思妙想"，独特的创意可以为快闪店添彩。一方面，快闪店在外观设计上需要打破常规，能够吸引用户眼球。例如，耐克 2016 年开在旧金山湾区的 "Golden Air" 快闪店是一个用 LED 屏幕搭建的巨大鞋盒，可以模拟 Air Foamposite One 系列球鞋从 1997 年推出至今的各种配色；中国香氛潮牌气味图书馆于 2021 年在北京西单大悦城创新呈现了 6 米高的大铝壶，联系过去中国人用铝壶煮水的生活场景，推广"凉白开"系列香水。远远望去，这些别出心裁的设计就像点亮了一盏明灯，吸引人们走近去看个究竟。另一方面，快闪店的内涵更离不开创意，如果徒有其表，也只能吸引用户一时的关注。被气味图书馆的大铝壶装置外形吸引的用户走入其中，首先会看见"你的凉白开叫啥?"这个醒目的问题。环顾四周，北京话、上海话、广州话与四川话组成了 4 个地域文化展区，配合"白开水、冷开水、冻滚水、凉开水"这 4 款地域版"凉白开"香水，呈现了"闻"得见的城市记忆。

体验是线下零售空间长期以来的优势，至少在现阶段，线上平台很难同时满足用户视觉、听觉、嗅觉、味觉和触觉这 5 种感官的需求，营造不出让用户身临其境的沉浸式体验。快闪店为了提供比普通门店更多元的体验，往往会引入美食、文化、娱乐、科技等丰富的跨界元素，从多维度增强用户的体验感。香奈儿、巴宝莉、路易威登等众多国际奢侈品牌都在北京、上海等地开过咖啡快闪店，从而走进用户的日常生活。其中，香奈儿在上海静安寺的"可可小姐限时咖啡店"（Coco Café）把化妆品专柜融入了咖啡吧，用户在进门时就可以看到摆满了唇露、指甲油、香水等产品的彩妆台。用户可以试用彩妆、护肤品，与店内的海报墙合影，之后就可以集齐印章兑换免费咖啡。在卡座的餐盘中也摆放着香奈儿产品，供用户在喝咖啡的同时试用产品和拍照。此外，用户还可以从官网预约香奈儿彩妆师的个性彩妆服务。独特的体验不仅让用户熟悉了香奈儿的新品唇露，也在社交网络上增强了品牌曝光度，有助于品牌、产品口碑的塑造与传播。

传播和推广是快闪店最重要的功能之一，主办方固然可以通过集章兑换咖啡、免费试吃雪糕等手段激励用户发布朋友圈、微博等，但变相的强制分享也可能会导致用户的抵触或敷衍，有些用户在领取礼品后就删除了"打卡"动态。为了让用户自发地在社交网络上传播和分享，更有效的方式是激发他们的情感共鸣，即在快闪店中植入打动用户的情怀、用户认同的价值，让他们认为分享到店体验就是在表达自我。2021 年 4 月，高端内衣与服饰品牌爱慕在成都大悦城的"AIMER RENEW 爱慕环保计划"快闪店以植物为灵感来源，呈现了植物细胞墙、年轮灯等艺术装置。用户的每次分享都是在号召身边的人关注自然环境与人类的未来，一起为地球减负。

快闪店承载了新技术、新渠道、新消费的积淀，将成为
未来零售企业连接用户的"高速公路"，让新品牌、新产品
快速走进目标市场，为创新提供有力的支持。

像创业家一样思考

1　描述一下你印象最深刻的快闪店的 3
个特点。

2　通过快闪店提升你认知的品牌有哪些?

3　和快闪店建立连接的品牌，现在是否
还有线上的互动?

第 12 章

玩法 5，
私域流量运营，把握
3 大要点

　　在人类社会数字化的进程当中，如果问哪个词是中国发明的，那么"私域流量"应该当属其一。私域流量是相对于公域流量而言的。在私域平台上，品牌商和用户可以进行直接的互动，这既可以降低营销的成本，又可以获得更多的用户信息，对 DTC 品牌来说，私域流量好处多多。如果从这个角度看，私域流量更像信息时代人们常说的企业 CRM 系统。只不过在那个时代，受技术条件的限制，客户关系管理系统的使用方法显得有点"笨拙"，而且成本很高。但现在很多人都在谈私域流量，他们不是从客户关系管理系统的角度去思考的，而是从营销成本的角度去思考的，因为公域流量太贵了，所以他们想建立自己的私域流量池，从而降低营销成本。但是对于品牌商来说，自建私域流量池，从流量的获取变为流量的运营，其成本也是不低的。所以，在数字化时代，品牌商建立私域流量池的目的不只是利用客户关系管理系统去维护客户关系，也不只是降低营销成本，而是通过对私域流量的运营获得更多用户的购物行为信息。基于这些信息，品牌能够更多地了解用户对产品的评价、用户购买商品的目的、用户怎样做出购买决定等。这些信息对于品牌商创新产品、制定营销策略都是非常有帮助的。DTC 品牌是数字化时代的原住民，所以 DTC 商业模式的每个环节都是靠数字化的能力来驱动的。一个企业是否建立自己的私域流量，不是一个战术问题，而是一个战略问题，关乎企业是否要打造自身的数据能力，成为一个以数字化为驱动的企业。所以是否建立自己的私域流量池，是一个企业的发展战略决定，而不是一个技术决定。

中国的数字化进程和西方国家的不太一样，中国的数字化被某些人用来"造富"，很多投资者疯狂地把资金投向了几个平台，催生了几个大的电商平台，如淘宝、京东、微信、抖音、小红书等。这些大的电商平台几乎把流量垄断了，所以才使公域流量的成本非常高；这些大的电商平台也成为中国线上零售生态中的"黄金地段"。DTC 商业模式引入中国已经很多年，但是真正基于 DTC 商业模式的创新并不是很多，其原因就是：在中国，这些大的电商平台对流量的垄断使得新成立的品牌很难和消费者建立直接的联系，因此不得不通过这些大的电商平台来销售和推广其产品。这些大的电商平台实际上就成了新的垄断渠道，其垄断程度很高，对产品的创新是非常不利的。小的品牌要创新、要生存，就不得不另辟蹊径，选择建立私域流量这条道路。很有意思的一件事情是，当我在百度上搜索"私域流量的英文是什么"时，看到其中的一条回答是："私域流量就是国外的 DTC。"所以我们看到，在很多人的心中，DTC 商业模式与私域流量的关联是十分紧密的。换句话说，DTC 商业模式就是对私域流量的一个经营模式。在前面的章节中，我们反复提到 DTC 品牌和传统品牌的本质区别，就是 DTC 品牌可以和消费者建立直接的连接。如果把每一个直接连接的消费者看作一个流量的话，那么连接起来的这些消费者就形成了 DTC 品牌的私域流量。所以从这个角度来看，百度上这位用户说的私域流量就是国外的 DTC，还是有道理的。

那么，如何做好私域流量运营呢？其中有 3 个要点。

要点 1，建立独立站，获取真正的用户

DTC 商业模式发源于美国，当时正是电商发展的鼎盛时期，各类电商网站百舸争流，也培养了用户在不同网站上购物的习惯。美国很多的 DTC 品牌在创立之初，就建立了自己的独立电商网站，即现在人们常说的独立站。消费者也习惯在独立站上购买商品，这就给在美国的 DTC 品牌获取私域流量打下了一个很好的基础。Allbirds、沃比·帕克眼镜，

都是在美国通过独立站来建立自己的用户群，即私域流量的。中国的情况和美国有些不同，中国的消费者已经习惯到淘宝、京东、拼多多等大的电商平台上买东西，中国的品牌商也习惯到这些平台上开旗舰店。中国的 DTC 品牌商像美国同行那样，通过独立站建立起自己的私域流量池比较难，因为流量都被控制在大的电商平台手里，自建的独立站很难获得流量。掌握公域流量的这些平台倾向于避免使品牌商通过在其平台上旗舰店的交易，把用户转换成品牌商自己的流量。所以这就出现了一个矛盾：如果品牌商不去掌握公域流量，那么实际上就没办法触达这些用户，甚至可能连销量都无法产生。不管品牌商在打造公域流量上做得多么出色，也不能将用户通过公域流量转化为私域流量，这就是中国 DTC 品牌创新的尴尬之处。所以，很多中国的 DTC 品牌打造私域流量的策略是先打销量再打流量。首先，充分利用这些社交平台和电商平台做品牌的宣传，确立品牌在用户心中的地位和价值；其次，通过品牌自身的公众号、App、小程序等，让这些品牌的用户能够有意识地去寻找这些连接。所以通常来说，如果品牌商想要把公域流量的用户转换成自己的私域流量，最好先做好公域流量的营销。如果在公域的营销做得不好，用户对品牌的认知程度不高，那么品牌商实际上没有什么机会把这些用户转化为自己的私域流量。当然，现在也有很多技术手段能帮助品牌商将公域流量转换为私域流量，但这些技术手段首先要符合品牌商和这些公域流量平台合作时所签署的协议规定。

DTC 品牌建立私域流量池的另外一个流行且有效的方法，就是通过在人流量大的商业街区或购物中心直接开设旗舰店或快闪店，从线下渠道获得自己的私域流量。在北京三里屯的 Allbirds 旗舰店，当你付款时，收银员会热情地邀请你扫码并关注其企业公众号，加入其企业微信。通过这样简单的方式，品牌就获得了私域流量。针对这些年非常流行快闪店的方式，市场上还出现了专门为品牌商搭建和运营快闪店的服务公司。最近，上海的一家科技公司推出了快闪智能货架，不仅能帮助 DTC 品牌商获取私域流量，还能通过货架上的"智能屏"与用户互动，建立用户和品牌的深度连接，并能够为品牌商智能化生成用户购物行为、用户商品评价等报告。通过线下实体店获得的私域流量要比纯线上获得的流量的质量更高。因为线下的每一个"流量"都是真正的用户。所以在未来，DTC 品牌通过旗舰店、快闪店获得私域流量，是一条更有发展前景的路。

要点 2，找对人才，建立有效的运营机制

如果品牌商建立了一个私域的流量池，但没有去经营这个私域流量池，那么私域流量池对 DTC 品牌实际上是没有

什么用的。对于现在的 DTC 品牌商来说，私域流量运营的最大难点是缺乏对流量的运营能力。那些大的电商平台的组织架构、人才和多年的经验，对流量经营有很大的帮助；而对于一个新创品牌，其关注点更多地放在产品研发上，而不是放在流量运营上。所以对于 DTC 品牌来说，首先要掌握的就是私域流量运营的能力，要找到能够做私域运营的人才。做好一个 DTC 品牌的私域运营，需要 3 类人才。第一类人才就是具有数据分析能力的人，这些人能够通过在私域流量与用户沟通互动得到的信息，找出用户购买的行为、购买的目标等，然后做一些很详细的分析。这样能够使品牌商做出的市场策略非常准确地与用户的生活方式、购物行为、思考方式相契合。第二类人才就是做营销内容的人，确切地说是营销内容的设计和创造者。目前，这类人才在市场上非常缺乏。他们的工作不像现在很多运营公司里的策划，仅设计几套互动游戏，"抖机灵"地出几个策划的点子，而是基于大数据分析出一些预测结论并建立营销的价值体系，然后再通过文案、直播、广告、促销活动等形式将营销方案落地。与用户沟通交流的内容是非常重要的。第三类人才应该是熟悉这些数字化营销工具的人才，他们能够把营销内容转化成品牌小程序、App、公众号的页面。如果只有技术和很好的平台，但是没有人才和专业的组织，那么这些技术和工具实际上是没有用的。

做好运营的第一步是找对人，第二步是要建立运营组织和运营机制。提到运营机制，人们马上会联想到标准作业程序（SOP）和关键绩效指标（KPI）。现在，SOP 基本上围绕着"触达、转换、留存"这 3 个指标进行设置，KPI 基本上围绕"触达数、点击数、曝光率、转换率"这些指标进行定义。这些流程和指标的设定也都是对的，但是如果我们不理解为什么要做这些事情，这些事情做起来就变成了"机械"的动作。我们曾看过网上"点击工厂"的视频，即一些机械手对着手机不断地"点击"。在新浪微博上，你只需要花 30元就可以把你发的微博的阅读数从 200 人增加到 5 000 人。现在人们越来越依赖这些机械的平台系统，因为这些数字会让人感到很有成就感。但对用户来说，他们看到的就是一些垃圾信息。很多新创品牌的概念很好，其也花了很多钱"种草"。在一段时间里，曝光数、点击率、粉丝数的数据都很好看，但最后企业还是倒闭了，原因就是很多人对于运营只是"知其然而不知所以然"。所以在我们设置 SOP 和 KPI 之前，要明白我们的运营目标是什么。有了正确的目标，才能设置正确的 SOP 和 KPI。那么，什么是正确的 SOP 和 KPI 呢？我们可以从以下 5 个方面去思考。

用户对品牌价值的认同

Allbirds 在成立时举的不是低价、高科技、时尚的大旗，而是环保、绿色的大旗，Allbirds 的含义就是"我们是各种鸟"，鸟需要一个绿色的环境才能生存。延伸 Allbirds 的含义可知，我们每个人都需要一个绿色的环境才能生存。"90后"或是"Z 世代"，对环保的价值认识深度比他们的父辈要深刻得多，Allbirds 的所有官方宣传都是把"环保"作为关键词，将鸟作为其"代言人"，这样才能赢得用户对其品牌价值的认同。

用户对产品价值的认同

在新冠肺炎疫情期间，某家电企业的实体店被迫关门，该企业的总经理开始在网上直播带货。在一次直播中，他卖的是无噪声洗衣机。很多用户对无噪声洗衣机的工作原理不是十分了解，该企业的总经理在直播当中详细讲述了为什么洗衣机会有噪声。噪声源于洗衣机中的电动机和涡轮之间的连动皮带，洗衣机用了一段时间之后，皮带就松了，所以就会发出一些噪声。洗衣机的噪声是每个家庭都会面临的一件很麻烦的事情，会影响孩子的学习，会吵到邻居，影响邻里关系。新型的无噪声洗衣机用了一项新技术，即电动机和涡轮之间不用皮带来带动，这样就减少了噪声，所以无噪声洗衣机是因为技术的改进而产生的，并不是只是吹吹牛。所以他的直播间一天晚上就卖出了 10 万台无噪声洗衣机。

这位总经理的直播不靠降价和"颜值"获得用户，而是
通过解决用户生活中的一个问题吸引用户。他用普通的科技
知识，把洗衣机为什么有噪声、新产品怎样去除噪声的原理
讲清楚了，从而收获了用户对其产品价值的认同。一个产品
的价值，不在于它有多便宜、有什么样的功能，而在于它能
在生活中帮助用户解决实际问题。

用户对服务价值的认同

现在，每个企业都很重视用户服务，针对购买过程或是
售后服务建立了一套服务的标准作业程序（SOP）。大部分
电商平台都采用了"低能"的服务机器人。但在过去几年中，
从官方发布的用户投诉统计数字来看，电商平台被投诉的比
例是最高的，引发的退货率也是最高的。为什么这些企业在
服务上花了这么大心思，但得到的效果这么差呢？这些企业
认为服务就是 SOP，而忘记了服务面对的是用户，用户是人，
每个人的诉求是不相同的。在美国 DTC 眼镜品牌沃比·帕
克创立之初，一位女性用户打电话投诉她订购的眼镜没有按
时到货，她特意买了这款眼镜是因为要带上它参加一个重要
的晚会。接听到这个投诉电话的员工在收到这个信息后，即
刻安排人乘出租车把那位女士订购的眼镜送了过去。还有一
家卖鞋的品牌店在其门店里放了一台跑步机。这个品牌让到

店购买鞋的用户在跑步机上走路或跑步，并录下视频，然后这个品牌会基于视频帮助用户分析他们的走路或跑步的姿势，推荐适合他们行动习惯的鞋。所以对于 DTC 品牌的用户服务，我们首先要定义的不是 SOP，而是用户认可的服务价值。我们不需要花太多时间在 SOP 和线上服务机器人上，而需要花心思挖掘服务的价值。

让你的产品融入用户生活

人们在谈到消费品或零售业的时候，很难忽略"场景"（occasion）的重要性。人们的生活就是由许多的场景组成的，我们每天吃饭、睡觉、上班、走路、郊游、开会等，都是一些生活的场景，人们的消费就是基于这些组成生活的场景而发生的。私域流量的优势是：可以找到用户相似的生活场景。近几年出现了"场景营销"这个词，虽然现在大家对"场景营销"的理解还不完全一致，但把"场景"作为品牌商营销时的一个"维度"的认知加深了。其实，DTC 品牌在做私域运营的时候，场景营销是让产品融入用户生活最好的方式之一。有一次，我们在讨论直播带货这个话题时，我们研究院一位"90 后"员工说：她看见主播推广一些美食时吃得那么嗨，她就想买。"吃"是每个人生活中每天都会发生的场景。如果做一个 DTC 食品品牌，你就要想如何让你的产品融入用户一日三餐的场景，使用户因为你的产品而让每餐都感到很满足。DTC 品牌需要让用户知道其产品应该在哪些生活场景去消费。美国剃须刀 DTC 品牌"美元剃须俱乐部"首推剃须刀按月订购制，"我们的员工每月都会按时给你寄去你的剃须刀，你不必再为每月要记得购买剃须刀而烦恼"，这是其创始人在品牌发布的第一个广告视频中说的一句话。每月寄送，实际上是帮助用户管理好其生活，解决用户"要记得"的烦恼。

在数字化时代，技术赋予了 DTC 品牌更多的能力去洞察用户。很多创业者常说要打造用户新的"生活方式"，其实用户的生活方式是很难打造的，我们的产品能够帮助用户做"场景提升"就可以了，或者说不断地提升"满足人们对美好生活的追求"的能力。

培养用户购买产品的习惯

私域流量的运营目标，还是要把私域流量转换为产品的销量。如果我们不能将私域流量转换为产品销量，或者说如果基于私域流量的销量还不如基于公域流量的销量，那么私域流量的运营就没有做对，这和做私域流量运营的初衷也是相悖的。在私域流量转换为产品销量的过程中，转换的成本要低于从公域流量获得销量的成本。也就是说，品牌商基于私域流量的销售利润要高于基于公域流量的销售利润，因为基于私域流量的产品销售省去了向平台支付的成本。

营销的最高境界不是推销产品，而是培养用户购买你的品牌产品的习惯。2014 年我去加拿大多伦多拜访了全球著名的"会员—积分"公司——Airmiles。Airmiles 会给用户发一张积分卡，用户使用这张积分卡在 Airmiles 签约的商户消费时都可以积分。70% 的加拿大家庭都有这张积分卡。如何才能让用户习惯在每次购物时都出示这张卡并积分呢？最初，这张卡的积分是用来兑换机票的，但兑换机票需要很高的积分，这样就需要用户积攒很长时间的积分才能去兑换，很多用户觉得靠积分兑换机票去旅行的梦想太遥远，所以没有积分的积极性。后来 Airmiles 改变了兑换的规则，积分不仅可以兑换机票，还可以兑换价值比较低的时尚、实用的产品，如手机壳、榨汁机等，其宣传语是"兑换你的梦想"。这样的改变，使很多人乐于用积分兑换产品。数据分析发现，每位持卡用户平均兑换 3.6 次，就会养成购物时使用积分卡的习惯。所以 Airmiles 做了很多的营销工作，鼓励其持卡用户去做积分兑换。

"行为设计学之父"、斯坦福大学行为设计实验室的创

始人 B. J. 福格（BJ Fogg）[1]在《福格行为模型》（*Ting Habits*）
这本书中，提出了著名的福格行为模型，即 B=MAP。这
是一个重要的行为设计公式。其中，B 是行为（behavior），
M 是动机（motivation），A 是能力（ability），P 是提示
（prompt）。福格教授的这个公式，揭示了触发人们行为的 3
个要素：动机、能力和提示。用户的购物行为也是由这 3 个
要素驱动的。私域运营的内容也是围绕着这 3 个要素进行的，
即激发用户的购买动机、方便用户的购买方式、恰当的提示
方式。

在被称为研究人类行为习惯的经典畅销书《习惯的力
量》中，作者用了一整章的篇幅讨论了"消费习惯对于购物
决策具有的重要影响"。书中列举的案例和一系列的实验成
果使营销人员最终确信，只要他们能够了解用户特定的购物
习惯，就能引导用户去购买任何商品。书中给出了著名的
"习惯回路"模型。我们大脑中的"习惯"过程是一个由 3
步组成的回路。第一步，存在着一个暗示，能让大脑进入某
种自动行为模式，并决定使用哪种习惯。第二步，存在一个

---

[1] B. J. 福格是斯坦福大学行为设计实验室创始人，行为设计学创始人，
深入研究人类行为超过 20 年，提出了被产品经理奉为圭臬的福格模型。
他的著作《福格行为模型》揭示了驱动人类所有行为的 3 个关键要素，
提供了激发每一个要素以更好地推动行为改变的有效方法。本书中文
简体字版由湛庐引进、天津科学技术出版社于 2021 年出版。——编者注

惯常行为，这一惯常行为可以是身体、思维或情感方面的。
第三步则是奖赏，这让你的大脑辨别出是否应该记下这个回
路，以备将来之用。

Airmiles 在培养持卡者使用积分的习惯中，充分利用了
福格行为模型 B=MAP 和"习惯回路"。"兑换梦想"是每个
持卡人积分的动机；"出示卡"这个动作，是任何一个用户
都有能力去做的；Airmiles 在其签约商户的收款台上都放有
明显的"积分"提示牌，鼓励持卡人去兑换积分，从而使持
卡人的积分行为能够得到及时的奖励。Airmiles 从此培养出
用户在结账时使用积分卡的习惯，才使其积分卡在加拿大家
庭中的渗透率高达 70%。

要点 3，充分理解用户需求，
用专属服务留住用户

我们可以把 DTC 品牌商的私域流量平台，看作一个自
媒体平台、垂直电商平台或一个服务平台。用户被商家视为
私域流量。用户可能每天都会收到商家从各种渠道发送给他
们的信息，会使他们感觉到和品牌有一种"亲近"的关系。
用户希望基于这种"亲近"的关系，得到特殊权益来作为回
报。这种回报不仅仅是好的产品、优惠的价格，还有用户期

待的好服务。如果品牌商的服务跟不上，或者没有达到用户的预期，那么就会让很多"私域流量"感觉到被欺骗。我们看到一些商家的小程序或线上商城网站在服务这个环节做得很差。由于品牌商没有足够的人力去做一对一的服务，很多企业就借助现在流行的 AI 技术或者机器人客服。一旦用户提出问题并在手机上发出服务请求信息，回答问题的都是机器人。目前"机器人客服"的能力实际上是很差的，有的网站甚至根本没有真人的服务渠道，因此用户会变得非常恼火，就从品牌的私域流量池中撤了出来。这样，品牌商也就失去了做私域流量的意义。

现在，很多大的电商平台都在"筑堤"来保护"公域流量"，很多用户愿意到这些大的电商平台购物，甚至成为这些平台的付费会员，最重要的原因就是这些平台的服务做得很好，要比很多的垂直电商平台做得更好。我自己也深有这样的感受。这些大的电商平台会提供两个层级的服务：一层是商家的服务，另一层是平台的服务。当你感觉商家的服务不好时，平台的服务会接过你的投诉或服务请求，如"先行赔付"是现在许多大的电商平台的一个服务规则。这样，用户就会觉得有双重服务的保障。所以，如果你建立了一个私域流量池，那么你就一定要确保你的服务能够比那些大的公域平台的服务更好，让用户觉得在你这里所享受的服务比公域平台享受的服务更好。罗比·凯尔曼·巴特斯特（Robbie

Kellman Baxter）在她的新作《会员经济》（*The Membership Economy*）中就指出："如果小公司发展会员经济，关键是聚焦用户需求，给用户提供独特的专属服务，让用户感到自己得到了公司的高度认可。用户都想得到理解和欣赏，希望得到独特价值。小公司反倒便于充分理解会员的需求，比其他任何类型的组织更容易建立会员社群。"对 DTC 品牌商来说，因为产品的品类往往比较少，目标用户群很清晰，更容易做好私域流量的运营。

私域流量运营的目标，就是订阅式付费会员。山姆会员俱乐部、盒马鲜生虽然不是 DTC 品牌，但其私域流量运营做得都很好，特别是它们的付费会员的权益机制的设计，很值得 DTC 品牌商借鉴，读者也可以参考本书第 9 章"订阅式付费会员制"的内容。

与其苦苦思索，不如马上行动

本书的创作动机始发于 2020 年年初，当时正值新冠肺炎疫情在全球肆虐。本以为此次疫情会像 2003 年的 SARS 病毒那样很快过去，但时隔 3 年的今天，人类依然在和新冠肺炎病毒做斗争。线上购物在这场斗争中，对保障人们的日常生活起到了非常大的作用。从另一个角度来看，此次疫情客观上推动了人类向数字化生活的转变，最近备受关注的"元宇宙"概念也给人类提供了一个对数字化生活无限想象的空间。

特别是在中国，政府的积极防疫政策把本来就蓬勃发展的电商行业向前推动了一大步。中美之间的贸易摩擦和

2022 年年初爆发的俄乌冲突，也给未来世界经济带来了一定的不确定性。这些不确定性对中国 DTC 品牌从客观上来说反而是一个成长的机会。在此之外，DTC 品牌的发展还受到以下几个维度因素的推动。

其一，网上购物已经成为中国用户的一种生活方式。据中国国家统计局相关的报告，2020 年全年实物商品网上零售额为 97 590 亿元，同比增长 14.8%，占社会消费品零售总额的比例为 24.9%；2021 年全国实物商品网上零售额达 108 000 亿元，首次突破 100 000 亿元，同比增长 12.0%，占社会消费品零售总额的比例为 24.5%，而这一数字相当于 1991 全年的社会消费品零售总额。如果说在新冠肺炎疫情出现之前，年轻人是网上购物的主力军，那么现在我们基本已经实现了全民网上购物。社区团购、直播间、快闪店等成为新一代用户的网上购物模式。生鲜类的产品加入了网上购物的商品目录，使网上购物覆盖了人们生活的全场景。用户在网上购物的经验日益丰富，熟练程度日益提高，满意度越来越高，依赖程度越来越高。网上购物已经成为一种生活方式，是人们日常生活不可或缺的一部分。

用户网上消费的增长对 DTC 品牌来说是非常利好的事情。DTC 品牌不需要再投入资金去培养用户网上购物的习惯。新创的 DTC 品牌在进入市场之初，都需要依靠线上销售渠道。而用户购物行为的改变对 DTC 品牌的创新和发展来说，是很好的推动力量。

其二，互联网企业的生长环境正在变好。 同时，2020年是颇有可能被载入平台经济反垄断发展史册的重要一年。《中华人民共和国反垄断法》迎来了实行 11 年来的首部修订草案，将互联网行业等新兴业态纳入制定的考量范围内。中国政府制定出这些法律法规，对大平台垄断行为进行约束，从而为中国互联网企业打造了一个更为健康、公平的成长环境，对新兴 DTC 品牌的发展也大有裨益。

其三，消费的内循环战略将推动 DTC 品牌创新。 2020年，中国政府把内循环作为拉动经济增长的重要战略之一，这无疑推动了中国品牌特别是消费品品牌的创新和发展。据相关行业报告，2021 年京东平台的产品上新数量已超过1 000 万个，新品年度销售额贡献率超 6 成，新晋品牌数量超 5 万个。迎合年轻用户的新圈层、新偏好，细分市场的新品类迎来发展良机。

中国地大物博，地域文化特色突出。无论你走到哪里，都会发现当地的"名优特"产品，如内蒙古赤峰的小米、湖北黄冈的英山茯苓、安徽砀山的酥梨等。中国自 1999 年实施地理标志产品保护制度以来，截至 2022 年 9 月，对 2 495

个产品实施了地理标志保护，涉及白酒、葡萄酒、黄酒、茶叶、水果、花卉、工艺品、调味品、中药材、水产品、肉制品以及其他加工食品等多个领域。DTC 商业模式完全可以把这些当地的品牌变成全国的品牌。

在过去 20 年中，强劲的产品出口拉动了中国制造业的成长，使中国成为一个制造大国，形成了从研发、加工制造到成品包装的一整套制造链。

丰富的地域资源、完整的制造链以及拥有 14 亿多人口的巨大消费市场，是中国新 DTC 品牌成长的肥沃土壤。

其四，资本市场对 DTC 品牌备加青睐。 据不完全统计，2021 年中国 DTC 品牌融资累计发生了 58 起，涉及服装饰品、家居家具、家电、母婴儿童、美容美妆、3C 产品（计算机类、通信类和消费类电子产品）配件等品类，融资金额超 10 亿美元。早在新冠肺炎疫情暴发之前，线下销售就已经面临线上销售的强大冲击。线上销售开始逐渐展现优势，市场上的风险投资公司都希望赶上行业风口，因此积极地向 DTC 品牌注入资金。2015—2019 年，近 60% 的资金都投向了 DTC 品牌。新冠肺炎疫情暴发后，资本对 DTC 品牌的创新一直抱有很大的信心，这股风潮一直持续到 2021 年的上半年。

其五，传统品牌转型 DTC 模式，引领 DTC 品牌发展。
中国鞋业领军品牌安踏在 2020 年 8 月发布公告称，要将其
主品牌进行 DTC 转型，将自己从"品牌零售商"转向"直
营零售商"。安踏的 2021 年半年报显示，其渠道变革计划的
3 500 家门店当中约有 60% 已经完全由安踏直营；在线上，
安踏主要采取开拓私域流量来吸引潜在会员的方式，构建包
括天猫、京东、拼多多、唯品会、微信小程序等在内的线上
全渠道平台体系。2021 年"双十一"，安踏集团电商累计成
交额约为 46.5 亿元，同比增长 61%。传统品牌 DTC 转型的
成功，会带动整个 DTC 品牌的发展。

国外一些头部休闲和运动品牌在近些年也开始了轰轰
烈烈的 DTC 转型。耐克在 2015 年明确将转型 DTC 作为集
团战略。随后的 5 年间，DTC 业务带给耐克收入的复合增
长率为 14.37%；作为行业内 DTC 业务占比最高的露露乐蒙
（Lululemon），在新冠肺炎疫情期间展现出强劲的经营韧性，
其 DTC 业务（仅为线上收入）带来 88.6% 的收入增长。

在美国，DTC 品牌的成长使那些大型零售商也倍感忧
虑。强烈的"求生欲"使得它们开始"花钱消灾"，如塔吉
特以 8 000 万美元收购了 DTC 床垫零售商 Casper 的股份，
沃尔玛以 3.1 亿美元收购了 Bonobos，联合利华以 10 亿美
元收购了传奇 DTC 品牌美元剃须俱乐部。在一段时间以来，

传统零售商通过购买线上 DTC 品牌的股份来增强自身线上电商的能力，这也是商业布局的一种方式。这种传统品牌收购 DTC 品牌的投资方式，也可能是未来中国 DTC 品牌的发展方向之一。

虽然目前中国的市场需求、生产资源、社会保障等要素都为 DTC 品牌创造了优越的条件，但 DTC 品牌在中国的发展起起落落，这也让很多人对这种新的商业模式提出了质疑，是模式的问题还是我们创新能力的问题？我看到的更多的是能力的问题。《百马人生，从 55 岁开始》的作者田同生先生讲过这样一个故事，他曾经和企业家王石等一行人去登珠穆朗玛峰，但距离顶峰还有 5 000 米的时候他放弃了，他说不是胆量的问题，也不是毅力的问题，而是体能的问题。所以他回来后开始跑步以增强体能，后来成为中国马拉松运动的推动者。中国企业创新遇到的问题也是一样，不是创新意识的问题，也不是模式的问题，而是缺少创新能力的问题。从众多 DTC 品牌失败的案例分析中，我们可以发现，中国的 DTC 品牌需要提升以下 3 种能力。

其一，对用户需求和市场竞争的认知能力。 中国的企业创新缺乏理性，往往是"一窝蜂"地涌入某一行业，如新茶饮、化妆品等。缺乏理性的根源，是缺乏对用户和市场的判断能力。中国对用户需求和购物行为研究的机构非常少，所谓的一些市场研究报告都是一些数据的简单统计。研究用户需求需要从人的需求研究开始，这需要对人类的发展历程、人的本性、人的身体、人的心理、生存的环境等诸多领域进行深入的研究。目前，中国学者对这方面的研究是缺乏的，所以 DTC 品牌的创新者更多是基于感性的认知来决定是否开发某种新产品，这种创新的风险就相当大。因为 DTC 品牌大多是消费品，所以建议有志于 DTC 品牌创新的人士先学习一下有关人的本性和心理学方面的知识。如果你去开发和设计一个被人使用或消费的产品，那么对人性和心理学的了解还是十分有必要的。

中国的创业者往往缺乏正确的"市场"（market）的概念，仅有"卖"（sell）的概念。他们对"市场"这个词语的概念是模糊的，更缺乏定义市场、分析市场的方法。创业者往往觉得"这个产品一定好卖""这个事一定行"，但缺乏对市场系统、全面、深层次的理性分析和认知。所以这些创业者"赌"的成分很大，失败的概率很高。"市场"不是赌场，我们不要以"赌"的心态去创业。很多年前几位中国的企业家去澳大利亚考察，晚上去了墨尔本的一个赌场，当时，一个在上海经营连锁超市集团的董事长只看不玩，他说我们做企业的不能培养自己的赌博心态，你有一次赌赢的经历，你就想赌第二次。一个企业的管理者在决策过程中就不能有赌的心态。这段话给我的印象很深，爱因斯坦说过"上帝不会掷骰子"，某些创业成功的人往往觉得自己运气好。说别人运气好的人往往是为自己的"懒惰"找台阶下。"运气"源于对事情的清楚认知，清楚的认知促使人做出正确的决策。

其二，商品的研发能力。 一般人都在谈产品研发能力，我在这里特别用了"商品"这个词。一般人的劳动成果都可以称为产品，只有产品实现了交换价值，才转换为商品。只有转换成商品，才能实现创业者的价值。所以对一个创新的企业来说，其研发的不是产品而应该是商品。商品的定义是由用户决定的，只有用户认为你的产品对他们来说有某种价值，他们才会愿意购买，你的产品才能转化为商品，否则即使你的产品生产出来了，也只是库存产品，甚至可能连资产都算不上。

20 年前，我和几个零售业的好友去美国考察，在看过 Bed Bath & Beyond 店后，我们都非常惊叹其商品的设计和质量。这家店主要卖浴室和卧室用品，给我印象最深的是卫生间摆放的装洗手液的瓶子，这些瓶子有瓷的、玻璃的、不锈钢的等很多种类，设计感很强；其他的商品，如浴巾、脚垫等的设计和质量也都很好。当时我们几位朋友就商量回国要开这样一家店，但是后来我们放弃了，主要原因就是在中国找不到这么多、这么好的产品。虽然 20 年后，中国的产品设计能力和研发能力都有很大的提升，但是还远远不够。

近几年出现的"新茶饮热"，更多地是围绕着一些概念，如"无糖"设计产品，结果各种"无糖"的瓶装饮料"一窝蜂"地涌进了市场。针对"Z世代"的盲盒产品系列也体现了一个风潮。随着泡泡玛特在香港股票市值的暴跌，这股风潮也回落了。大起大落的产品很多，但仍然会有创业者独领风骚，其原因就是这些企业的产品价值高。

产品研发不是简单的抄袭和复制，产品一是要为用户提供价值，提升用户的生活品质，给用户带去幸福感；二是在短时间内不能被竞争对手复制。例如，可口可乐已经有100多年的历史了，但至今也没人能够复制其产品。中国失败的DTC创业者，往往会花重金"种草""买流量""找网红"，而投入在产品研发上的资金很少。如果不转变这种重流量、重营销、重包装、轻研发的思维，那么创业成功的概率几乎为零。

其三，品牌价值的打造能力。每次坐飞机时，我们都可以看到飞机上的杂志中有很多策划公司的广告。这些广告基本上都是为企业解答怎么打造一个好的品牌，还附带了很多成功的品牌案例，它们所列举的那些成功的品牌，我大多没听说过。在很多人眼里，品牌就是一个商标（logo）和一句口号。1984年的春晚上，著名相声演员马季先生曾经表演过一个单口相声《宇宙牌香烟》，讽刺那些不干实事、整天换牌子、胡说八道、到处吹牛的企业。现在，我们在网上还能搜到当年马季先生表演的这段视频，我建议要创业的年轻人都可以看一看。现在我们很多的企业做品牌的思路和当年马季相声中的企业差不多。当今的中国被世界公认为制造大国，而不是品牌大国，原因是中国企业整体上尚缺乏打造品牌的能力。很多创业者对品牌这件事本身就缺乏认知，以为别人做个"雪碧"产品能赚钱，我们做个"雷碧"产品也能赚钱。我觉得目前中国品牌做得最好的应该是"小米"。想起小米，人们就会联想到"简约、时尚、品质、性价比、可信赖、家居"等，这就是品牌里蕴含的价值，这也说明小米具有很好的打造品牌的能力。"品牌"这两个字，其中"牌"就是个名字，想名字好听一点，就花点钱请个起名大师；但其中的关键在于"品"字，这个字太"大"了，内涵也特别丰富。我们是否要和一个人建立关系也不是基于名字，而是基于人品。我们常说 × × 人品好，大概的共识就是这个人很善良、很靠谱、有担当、可信任。企业打造品牌的第一个要素，就是和用户建立信任关系，用户不在乎你的产品是奢饰品还是大众消费品，"LV"是个品牌，"王致和"也是个品牌。当然，要做好一个品牌，企业需要的能力有很多，我不是品牌专家，这本书也不能教会你如何打造一个品牌。一个企业的品牌能力，也不是学几门课，请一家咨询公司给你几页 PPT，就可以打造出来的；但是你不学习，不请老师教你，你打造的品牌可能就是春晚的相声素材。能力是在学习和实践中提高的，希望年轻的创业者们，不断地学习、认知、实践，再学习、再认知、再实践；这是一个周而复始的过程。

编辑建议让我写一段对中国DTC品牌未来发展的展望。我之所以花这么多的时间讲课、写书，鼓励年轻的创业者去做DTC商业模式的企业，是基于我对零售本质的认知和思考。零售的本质是什么？这是我20年前进入零售领域后，一直思考的问题。在电商还没出现之前，有人说零售业的第一是位置，第二是位置，第三还是位置，这句话对用户来说含义是什么？是方便，位置的方便才能反映出对用户的价值；还有人说，零售最重要的是选品，品类管理是零售业的看家本领，选品对用户的价值是什么？是帮助用户降低购买决策的风险，是帮助用户提升购买的效率；还有人说，零售就是要经营好供应链，供应链对用户的价值是什么？是低价，是供应的保障；还有人说零售就是服务，用户是上帝，上帝对用户的价值是什么？是一种体验。我还可以列出很多专家学者和企业家对零售的表述，上面列出的这些表述都是从不同的角度来展现零售对用户的价值的。

人类社会的分工，使得商品交换出现了；之后便出现了货币和商品买卖，出现了专门从事商品买卖的商人，商品买卖成为人类社会不可或缺的一部分，随后就形成了商业。零售业是在18世纪才出现的一种先进的商品买卖的形式。既然是商品买卖的一种形式，零售业的本质还是商品的买卖，但在商品买卖过程中，零售业给用户带去了新的价值，所以零售业可以用如下公式表达。

$$R=P+C_1+C_2+C_3+\cdots+C_N$$

其中，R 代表零售的价值，P 代表商品的价值，C_1，C_2，C_3，…，C_N 代表顾客价值。

而价值 C 是其中一个非常重要的变量，价值的维度和测量尺度会随着人类社会的进步不断改变。所以无论社会的治理体制进步还是技术进步，都会对零售业产生很大的影响。DTC 商业模式汇集线下零售产品的能力和电商平台带给用户的价值可以在一个模式中呈现，并将原有的价值放大，从而为用户增加新的价值。所以说 DTC 商业模式的发展前景是毋庸置疑的。

上周，我听了一位银行家的报告，他提到当今的世界经济正面临着多重打击，如通货膨胀、新冠肺炎疫情、俄乌冲突等，但无论怎样，人总是要生存，都要在自身所处环境中找到最好的活法，这就是零售业在任何环境下都有发展机遇的原动力。

任何专家对未来的预测和展望，都是在未来的不确定中找到看起来相对确定的事情。可以预测，中国 DTC 品牌的未来主力军仍然是像元气森林、花西子等这些国潮牌的创业者，无论它们成功还是失败，都是可敬的。未来在中国，应该有 5 股力量推动 DCT 品牌的发展。第一股力量就是上面我们说的国潮品牌的创业大军。

第二股力量来自传统品牌的 DTC 转型。如果你在网上搜索这些传统品牌商的发展战略，几乎所有的品牌商都把转型 DTC 商业模式作为其未来发展的重要战略之一。安踏集团在 2020 年就把 DTC 商业模式作为企业数字化转型的一个重要战略，安踏集团董事局主席丁世忠先生在 2021 新年寄语中谈到，安踏品牌 DTC 转型，核心就是要直面用户，打通"人、货、场"，更好地为用户创造价值。安踏集团明确了 2025 年的双千亿元的目标，其中数字化转型驱动的 DTC 业务占比将提升至 70%。安踏集团发布了 2021 年全年业绩公告，其集团总营业收入达 493.2 亿元，同比增长 38.9%；这样好的成绩单应该归功于 DTC 转型的战略，DTC 收入达到 85.5 亿元，占主品牌收入的 35.6%；传统批发业务占比则降速明显，由 2020 年的 58.4% 降至 2021 年的 30.1%。其他的传统品牌，如李宁、快步、耐克、九牧、卡士等，都在积极探讨 DTC 商业模式的转型之路。未来 DTC 品牌的市场格局中，转型成功的传统品牌商会占据很大的比例。

第三股力量来自传统零售商联合自有品牌的发展。发展自有品牌是传统零售企业的重要战略，像盒马鲜生的"每日鲜"就是其自有品牌。自有品牌的概念实际上和 DTC 商业模式基本相同，只不过自有品牌只是在零售商自己的店里销售。近几年出现了一些自有品牌联盟。例如，"蚂蚁商联"由中小零售商自发组织，联合开发自有品牌商品并在各自的门店销售，不经过任何经销商。这些自有品牌实际上都采用 DTC 商业模式，只不过它们是从线下的门店渠道销售开始的。

第四股力量来自电商平台孵化出的新的 DTC 品牌。中国是电商平台发展很顺畅的市场，如淘宝、京东、美团、拼多多、抖音等。我这里说的"顺畅"基本源于两个因素：一是政府的宽松政策，二是廉价的快递服务。过去 10 年间，每家平台每年公布的销售额都令人惊叹。随着政府对电商平台管控得越发严格，快递的成本越来越高，原来依靠流量让投资者掏钱"赞助"去参加"股票运动会打比赛"的时代已经过去了。新的利润点可能要来自像"三只松鼠"这样从淘宝平台上成长起来的品牌。"三只松鼠"是典型的由电商平台孵化出来的 DTC 品牌。

第五股力量来自"出海"DTC 品牌的浪潮。过去 10 多年，中国的电商流量还在那几个大的电商平台上。在中国做 DTC 品牌绕不过这几个大的电商平台。这些平台隔断了品牌和用户的联系，品牌商在电商平台生态圈里实际上就是"搬运大叔"，所以在中国做纯粹的 DTC 品牌是很难的。中国 DTC 行业近两年有个很热的词"出海"，也掀起了中国品牌"出海"的浪潮。最有代表性的"出海"DTC 品牌包括快时尚服装品牌希音（SHEIN）和智能充电器品牌安克（ANKER），安克于 2020 年 8 月在深圳证券交易所上市。2021 年，中国跨境电商出口 1.44 万亿元，同比增长 24.5%。DTC 品牌"出海"，仍是未来几年创业者可以选择的路径。

新冠肺炎疫情过后，人们生活方式和购物行为的改变，会引发一波新的 DTC 创业热潮。本书不是针对某个行业的专著，也不是针对某个专题的论著，更不是"秘诀""宝典"之类的大师神来之笔，充其量是一本对热衷于 DTC 品牌创业的年轻人的指导书，帮助年轻的创业者理清思路，少走弯路。

本书算不上我对自己所从事的零售 IT 事业的研究和感悟的总结，所以对于在我事业中给予我帮助的朋友们，待我下一本关于对零售业认知和感悟的书出版时，再一并隆重感谢。对于这本书的出版，我首先要感谢大卫·贝尔教授，是他引发我对 DTC 商业模式的兴趣；其次要感谢湛庐的高级副总裁张晓卿女士，是她不断地将一些新的管理理念传递给我，并激励我给年轻人写这本 DTC 品牌创业指导书；再次要特别感谢为写这本书所建立的微信群里的 3 位编辑，她们分别是董寰、吴悦琳、陆林颖，她们用现代最流行表情包的交流方式，让我时不时忘记自己的年龄，每天早晨 7 点准时打开电脑，利用上班前 1 小时，完成这份额外的"作业"；最后要感谢"契胜零售创新研究院"的涂瀚文女士，书中第二部分的一些内容，我引用了她查询和编辑的信息。

20 世纪 90 年代末，互联网刚刚普及，电子商务成为所有企业都要思考的发展战略，当时我还在 IBM 中国商品流通业做解决方案顾问。有一次，在一个很大的商品流通行业会议上，我们邀请了时任 IBM 大中华区总裁周伟焜先生去作演讲。在我给他准备的演讲稿的结尾，他让我加了一页并写下了以下 3 句话。

- 挑战和机遇总是共存的。
- 与其苦苦思索，不如马上行动。
- 从简单做起，快速成长。

在本书结尾，我把周先生的这 3 句话与大家分享，相信这 3 句话对今天的创业者也是很有用的。

希望 10 年、20 年后的某一天，我能听到某个 DTC 品牌的大咖说："当年读过杨博士的那本关于 DTC 品牌创业的书，受到过一些启发。"

我的终身学习书单

编辑建议我和大家分享一下藏书清单，这是我非常乐意做的事情。以前，朋友们来我家里做客，我向朋友们展示我的藏书，是很惬意的事。现在，受到新冠肺炎疫情的影响，朋友们都在"网上"相互走动了。每天早晨，朋友们都在朋友圈、微信群里"问安"，很少有人再来家里做客了，因此，藏书真的变成"藏书"了。书实在是太多了，我没法在这里一一列出，但我还是给创业的朋友们推荐 10 本我认为有价值的书。我很喜欢"终身学习"这 4 个字，有些书不是一次能读完的，可能要用一生去读。

1.《国富论》

亚当·斯密的《国富论》写于 1776 年，距今已经有 200 多年的历史了。在这里我想告诉大家，我为什么对这本 200 多年前的书有这么深的情感。我真正了解这本书的时间不是在大学，而是我刚加入 IBM 不久后。我本来是学数学的，但曾在政治经济学的课上简单了解了一些经济学的知识。我加入 IBM 的时候，正值 IBM 从硬件供应商向解决方案供应商转型的开始阶段，"解决方案"在当时是一个很火的词。顾名思义，"解决方案"就是要解决企业管理中的问题。我当时是做行业解决方案的顾问，我的工作就是要告诉我们的用户为什么要用 IT 系统、用 IT 系统能帮助企业解决哪些问题。所以我就必须懂企业管理，甚至比企业的管理者还要懂，我就要弥补经济和管理领域的知识。当时，另外一个热词也非常流行，这个词是由美国麻省理工学院教授迈克尔·哈默（Michael Hammer）和 CSC 管理顾问公司董事长钱皮（James Champy）提出的，即"业务流程重组"。

我读到的一篇关于业务流程重组的文章，提到了亚当·斯密和《国富论》。文章大概意思就是说人类社会 200 多年来，无论是什么体制，都按照亚当·斯密在《国富论》中提出的"成本＋利润＝价格"这个公式，来打造企业的管理理念和管理流程；而随着人类经济社会进入了卖方市场时代，这一公式不再奏效。迈克尔·哈默提出了业务流程重组的理念，把这个公式改为"价格－成本＝利润"。这一公式表明，一个企业获得利润的能力，取决于其降低成本的能力。从这篇文章中，我认识了亚当·斯密和他的《国富论》。在我看来，亚当·斯密就相当于科学界的牛顿，《国富论》就相当于牛顿的《自然哲学的数学原理》（*Mathematical Principles of Philosophy*）。《国富论》把今天企业管理涉及的基本体系的底层逻辑都讲到了，包括分工、定价、工资、奖金、土地租赁等方面，可以说这本书是经济学领域的奠基之作。

我之所以把《国富论》作为第一本书推荐给年轻的创业者，就是想告诉大家管理和科学一样，很多底层的定律和原理是不变的。如果你想减少企业在未来发展中面临的风险，你的管理就必须符合这些原理和规则。如果你还不知道怎么开一个"产品计划会"，还不知道怎么做一个"公司年度预算"，还不知道怎么建立"员工激励机制"，那么你还得先看看《国富论》。

在这里我也推荐大家读一下亚当·斯密的另一本在中国被许多读者忽视的著作《道德情操论》（*The Theory of Moral Sentiments*）。我们不仅要做一个赚钱的企业，更要做一个对社会、对员工有贡献的企业。如果你对亚当·斯密这个人感兴趣，你还可以读詹姆斯·布坎（Tames Buchanan）为他写的传记——《真实的亚当·斯密》（*The Real Adam Smith*）。

2.《牛津现代高级英汉双解词典》

这本书是工具书，为什么我要把它列在这里呢？因为我们现在常说的经济、企业管理、技术领域的很多词，都是从英文翻译过来的；我们今天认同的企业管理的理念和方法，都是基于西方文化的逻辑建立起来的。从中学到大学，我用的是一本《简明英汉词典》。在加入 IBM（中国）以后，大多数培训都是用英文的，很多英文词语的中文翻译不能让你很深刻地理解它的本义，所以你必须看英文解释。如"品牌"这个词对应的英文单词是"brand"。中文中原来并没有"品牌"这个词。汉语中和"brand"含义相近的词语应该是"商号"和"牌子"，但当时的翻译为什么没有用"商号"和"牌子"这两个词去对应"brand"这个词，而是创造了一个新词"品牌"呢？创造了"品牌"这个词的人很了不起，我觉得他对"brand"这个词的理解很深刻。汉语中的"商号""牌子"是给商家或产品起个名字，就像小孩出生后，不管这个孩子将来是什么样子，都得有个名字。但英文"brand"的原义，和"名字"没任何关系。如果你查《牛津现代高级英汉双解词典》中"brand"的英文解释，它的第一条解释是"a piece of burning wood"（一块燃烧的木头），第二条解释是"iron"（烙铁），这两件东西都是西方早期用于给犯罪的人身体上烙上标记（mark）的工具；看到这个"mark"就知道这个人犯了什么错，而且这个标记是洗刷不掉的。后

212

来"brand"演变成在商品上印制的"trade mark","mark"的本义就是"痕迹",不带有任何好与坏的属性。当一个"mark"印刻在一个人或事物上,变成一个"brand"的时候,就赋予这个"mark"基本的人文属性:"好"与"坏"。在把"brand"翻译成"品牌"时,这个"品"字用得相当好!现在基于"品牌"发展出了一系列的管理类专业词语,如"品牌打造""品牌定位""品牌营销"等。所以你如果深刻理解了"brand"这个词的内涵,就会懂得"品"字的重要性。其实,"流量""点击率""忠实粉丝"都没那么重要。

我的词典太老了,现在有一些新版本和线上词典都很好用,你手里至少要有这样一个工具。对经济学感兴趣的同学还可以收藏一本《科林斯经济学辞典》,该辞典是由上海财经大学出版社有限公司于 2008 年出版的,作者是帕斯、洛斯、戴维斯。

3.《财富的起源》

这本书堪称"互联网时代的《国富论》"。作者埃里克·拜因霍克教授是牛津大学新经济思想研究所的掌门人。该书的中译本由湛庐文化出品,由浙江人民出版社于 2019 年出版。这本书是基于现代经济学派"复杂经济学"理论的一本论著。

"复杂经济学"是布莱恩·阿瑟（Brian Arthur）在 20 世纪末提出的一个新的经济学学说。如果你在《国富论》中找不到很多现代经济现象的答案，或许你在布莱恩·阿瑟的《复杂经济学》（Complexity and the Economy）或我推荐的这本《财富的起源》里能找到答案。

《财富的起源》的作者认为，经济进化是物理技术（科学）、社会技术（制度）与商业设计共同进化的结果，三者缺一不可，并对商业设计给出了一个概要的诠释。这本书会让创业者更加清楚自己在社会经济发展中所处的位置，更加清楚自己应该做的事情。大多数的创业者都不是物理技术和社会技术的研发者，创业者的价值体现在"商业设计"上。我们在本书中多次提到用于投资的"商业计划书"，实际上就是展现你对商业的设计理念。读懂《财富的起源》，对于做好你的"商业计划书"会很有帮助。

4.《权力的转移》

这本书是未来学大师、世界著名未来学家阿尔文·托夫勒（Alvin Toffler）"未来三部曲"中的最后一本。上大学时，我读过他的《第三次浪潮》（The Third Wave）。其实我当时没太读懂，懵懂地知道人类要进入信息社会了。我是学数学的，后来我对计算机方面的知识很感兴趣。1995 年，我毅然决然地放弃了大学副教授的职位，加入了 IBM，实实在在地享受了一把"冲浪"的感觉。

《权力的转移》虽然是作者在 30 年前写的，但书中预测的场景今天正在发生。书中第九章描绘的"收银台上的战争"，正如"支付宝""微信钱包""闪付"等这些移动支付平台在超市、便利店对收银台的争夺一般。2015 年，我又一次被书中描绘的场景所吸引，懵懂地开始了我人生的第一次创业，参与到书中描绘的这场收银台的"战争"中，做了一家聚合支付及线上营销的公司，让我的职业生涯画上了圆满的句号。对这些书感兴趣的朋友，也可以读读阿尔文·托夫勒其他的著作。

5.《零售管理》

如果你选择做 DTC 品牌的创业者，你一定要阅读零售管理方面的书。这本由迈克尔·利维和另外两位教授撰写的关于零售业教科书级别的著作，到现在已经修订了 9 版，由机械工业出版社在 2021 年出版了中译本。我在 IBM 工作时正值该书英文的第 3 版发行，美国总部给我们零售行业部门的每个人发了一本。这本书也被称为"零售业的

'圣经'"，其内容涉及零售管理的方方面面，从零售战略到运营的落地执行，从社会责任到技术应用系统……如果你想看看你的管理有什么漏洞，就可以用这本书作为你的"check list"。我曾将这本书推荐给零售业的很多朋友，大家都觉得很有用。

6.《富甲美国》——沃尔玛创始人山姆·沃尔顿的自传

作为一个零售业的人，如果你不会讲沃尔玛的故事，就像你作为一个中国人不会讲孔子的故事一样。山姆·沃尔顿是我们这个时代的传奇人物，他把一个卖酱油和醋的企业做成了一个大型企业，超过了那些开银行、卖军火的企业，是我们零售人的骄傲。这本传记会告诉我们创业者如何去践行创业的目标。大家都知道沃尔玛"天天低价"的企业价值主张。山姆为了"天天低价"，出差时可以和员工挤在同一个房间；为了"天天低价"，山姆一直开同一辆皮卡；为了"天天低价"，山姆为总部管理人员配置了一个飞机机队，用于方便巡店和寻址；为了"天天低价"，山姆重金购买商用卫星，以便总部能够及时获得各个分店的运营数据。这本书对于创业者提高个人的创业素养，会有很大的帮助。我最早拿到的这本中译本是由中国台湾某个出版社出版的，后来中国大陆又出了几个版本。中国社会科学出版社在 2009 年出版了本书的中译本，书名为《富甲美国》；江苏文艺出版社在2012 年出版了本书的中译本，书名为《促销的本质》，后来，该书的 2015 年版的中文书名变为了《富甲美国》。如果你对零售企业的这些掌门人感兴趣，还可以阅读《伟大企业的四个关键原则》，这本书是全食超市创始人约翰·麦基（John Mackey）引领商业觉醒的力作，展示了约翰·麦基在创办全食超市的过程中，对商业的重新思考。同时，《只放一只羊》专门介绍了德国著名的连锁超市执行经理阿尔迪的故事，感兴趣的朋友也可以读一读这本书。

7.《总开关》

这本书的作者是吴修铭（Tim Wu），现为哥伦比亚法学院教授。2005 年，吴修铭被《科学美国人》杂志评为 "50 位科学和技术领袖之一"。该书的中译本于 2011 年由中信出版社出版。这是一本真正把我带入互联网时代、让我释怀的书。我虽然一直在 IT 行业工作，但面对互联网时，还会有很多的不适应。本书讲述了从人类发明第一部电话开始，一直到当今互联网时代，信息技术和商业之间相互融合、成长的过程，会让你理解今天基于互联网、数字化技术、元宇宙衍生出来的这些商业模式的先进性和合理性。这本书能让我们了解身边很多视为 "常识" 的事务是怎样形成的，如电视节目为什么按"频道"划分？电影行业"制片人、导演、明星"这个机制是怎样形成的？这本书对创业的朋友在建立和确定商业模式的过程中，会很有启发。吴先生的另外一本著作《注意力经济：如何把大众的注意力变成生意》（*The Attention Merchants*）的中译本也是由中信出版社于 2018 年出版的。这本书从世界上第一个报纸广告开始，讲述了世界媒体广告行业的形成过程和背后的运营机制，对于我们今天设计流量运营等新的营销模式很有帮助。

8.《DTC 创造品牌奇迹》

这本书的中译本是由湛庐文化出品，天津科学技术出版社 2021 年出版的，是国内第一本详细讲解 DTC 商业模式的书。这本书的作者劳伦斯·英格拉西亚（Lawrence Ingrassia）是美国著名的商业和经济类媒体的编辑，曾担任过《纽约时报》《华尔街日报》《洛杉矶时报》等多家媒体的主编，并曾获得了多项新闻大奖。他从一个新闻编辑的视角写的这本书，更像 DTC 成功的案例集，故事感很强，很容易读。全书共 13 章，每一章都是一个 DTC 成功的故事，这本书的英文名叫作 *Billion Dollar Brand Club*，我把其英文书名翻译为"新贵俱乐部"。这本书共包括 13 个故事，揭秘了 13 个短时间内从"0 到 1"再到市值 10 亿美元的独角兽品牌的"暴富"过程。本书列举的 DTC 品牌，从剃须刀、内衣、到行李箱、床垫、维生素，几乎涉及了人们生活的方方面面，是中国 DTC 创业者必看的一本书。

9.《平台革命》

该书是由美国 3 位平台经济研究的著名学者——杰奥夫雷·G. 帕克（Geoffrey G.Parker）教授、马歇尔·W. 范·埃尔斯泰恩（Marshall W.Van Alstyne）教授和桑基特·保罗·邱达利（Sangeet Paul Choudary）撰写的，该书的中译本由机械工业出版社于 2017 年出版。本书的 3 位作者从网络效应、平台的体系结构、颠覆市场、平台上线、盈利模式、平台开放的标准、平台治理、平台的衡量指标、平台战略、平台监管 10 个视角，清晰地为读者提供了平台模式最权威的指导。

大家对于"平台"和"革命"这两个词都不陌生，但是那些整天喊着要革命的人，未必理解"革命"的真正含义，甚至想革谁的命都不知道。平台模式涉及的行业非常广泛，正如 3 位作者所说的："只要任意一个行业中，信息是重要的组成部分，那么这个行业就是平台革命的候选者。"这也是为什么很多创业者都选择平台商业模式。但很多平台的创业者没有成功，主要是因为他们把平台这件事想得太简单了。其实，在做一个平台的过程中，从技术搭建、商业模式的设计到平台运营，每一件事情都很难，往往没有现成的模式让你抄，如果你对平台的底层逻辑不了解，那么几乎没有成功的可能性。这本书对于我们深入了解平台商业模式很有帮助。

10. "新零售时代三部曲"——《不可消失的门店》《超市里的原始人》《屏幕上的聪明决策》

这 3 本书之所以被称为"新零售时代三部曲"，是因为这 3 本书出版之时，正值中国新零售最热的时候。

《不可消失的门店》的作者大卫·贝尔曾在沃顿商学院执教。他一直研究线上零售，跟踪了亚马逊 10 年之久，他本想证明线上零售将完败给实体零售，后来他在研究中发现实体零售是不可缺失的，但在不同时期，实体店发挥的作用是不同的。

《超市里的原始人》的作者杰弗里·米勒（Geoffrey Miller）是新墨西哥大学进化心理学教授。他从人类心理进化角度，揭示了人们购物的最原始需求，将进化心理学这项革命性学科的原理应用到了市场营销和消费文化中。信息技术的进步，使人与人的连接方式更加多样化，信息传递的方式更加多样化，也使营销这一古老的概念，变得越来越复杂并难以驾驭。但是只要我们理解了人类购物的原始欲望，这个事情似乎又没那么难。这本书对那些整天把"用户画像""私域营销""沉浸式体验"这些看起来特专业的词挂在嘴边的人来说，能够起到十分重要的作用。

《屏幕上的聪明决策》的两位作者什洛莫·贝纳茨（Shlomo Benartzi）教授和乔纳·莱勒（Jonah Lehrer）教授的研究领域是行为经济学和神经学。从这两位作者的研究领域，我们可以看到，今天的新零售已经是多学科联合打造的一个新的、不知道将会是什么样子的一种零售。特别是最近元宇宙的零售形态 NFT 的出现，让人们从小小的屏幕上看到一个丰富多彩的零售世界。这本书教会我们如何去设计一个屏上的零售店，才能让用户流连忘返。这两位作者告诉我们，只要用对工具，善用字体、色彩、热点位置、淘汰分类等，只需要一些微小的改变，就可以轻松解决我们面对屏幕常犯的错误，创造出有助于思考的屏幕世界。他们还告诉我们，屏幕上蕴藏着大量商机，谁能够率先掌握设计和调整屏幕来引导用户做出聪明决策的方法，谁就能够抓住新零售时代的风口。

未来，属于终身学习者

我这辈子遇到的聪明人（来自各行各业的聪明人）没有不每天阅读的——没有，一个都没有。巴菲特读书之多，我读书之多，可能会让你感到吃惊。孩子们都笑话我。他们觉得我是一本长了两条腿的书。

———查理·芒格

互联网改变了信息连接的方式；指数型技术在迅速颠覆着现有的商业世界；人工智能已经开始抢占人类的工作岗位……

未来，到底需要什么样的人才？

改变命运唯一的策略是你要变成终身学习者。未来世界将不再需要单一的技能型人才，而是需要具备完善的知识结构、极强逻辑思考力和高感知力的复合型人才。优秀的人往往通过阅读建立足够强大的抽象思维能力，获得异于众人的思考和整合能力。未来，将属于终身学习者！而阅读必定和终身学习形影不离。

很多人读书，追求的是干货，寻求的是立刻行之有效的解决方案。其实这是一种留在舒适区的阅读方法。在这个充满不确定性的年代，答案不会简单地出现在书里，因为生活根本就没有标准确切的答案，你也不能期望过去的经验能解决未来的问题。

而真正的阅读，应该在书中与智者同行思考，借他们的视角看到世界的多元性，提出比答案更重要的好问题，在不确定的时代中领先起跑。

湛庐阅读App：与最聪明的人共同进化

有人常常把成本支出的焦点放在书价上，把读完一本书当作阅读的终结。其实不然。

时间是读者付出的最大阅读成本

怎么读是读者面临的最大阅读障碍

"读书破万卷"不仅仅在"万"，更重要的是在"破"！

现在，我们构建了全新的"湛庐阅读"App。它将成为你"破万卷"的新居所。在这里：

● 不用考虑读什么，你可以便捷找到纸书、电子书、有声书和各种声音产品；

● 你可以学会怎么读，你将发现集泛读、通读、精读于一体的阅读解决方案；

● 你会与作者、译者、专家、推荐人和阅读教练相遇，他们是优质思想的发源地；

● 你会与优秀的读者和终身学习者为伍，他们对阅读和学习有着持久的热情和源源不绝的内驱力。

下载湛庐阅读App，
坚持亲自阅读，
有声书、电子书、阅读服务，
一站获得。

本书阅读资料包

给你便捷、高效、全面的阅读体验

图书在版编目（CIP）数据

如何打造成功的DTC品牌 / 杨德宏著. -- 杭州 ： 浙江教育出版社，2023.2
ISBN 978-7-5722-5261-7

Ⅰ．①如… Ⅱ．①杨… Ⅲ．①企业管理－市场营销－研究 Ⅳ．①F274

中国国家版本馆CIP数据核字（2023）第008837号

上架指导：企业管理 / 市场营销

如何打造成功的DTC品牌
RUHE DAZAO CHENGGONG DE DTC PINPAI
杨德宏　著

责任编辑：傅　越
美术编辑：韩　波
责任校对：李　剑
责任印务：陈　沁
封面设计：ablackcover.com
出版发行：浙江教育出版社（杭州市天目山路 40 号　电话：0571-85170300-80928 ）
印　　刷：唐山富达印务有限公司
开　　本：880mm ×1230mm 1/32
印　　张：8　　　　　　　　　　**字　　数：**160 千字
版　　次：2023 年 2 月第 1 版　　　**印　　次：**2023 年 2 月第 1 次印刷
书　　号：ISBN 978-7-5722-5261-7　　**定　　价：**79.90 元